IL GIORNO PIU' BELLO

∞

99 Segreti per Organizzare un Matrimonio da Favola

PER SPOSI E ORGANIZZATORI

di

Davide Mecozzi

ISBN: 1973934906
ISBN-13: 978-1973934905

Pubblicato con la
Esclusiva Strategia Editoriale
"Self Publishing Vincente"
www.SelfPublishingVincente.it

A mia moglie Claudia e figli Sara e Riccardo

Indice

Introduzione

Appena comunicai ai miei amici che stavo per scrivere il presente libro, gran parte di loro, mi criticò. Soprattutto gli imprenditori esperti di marketing, mi dissero che non avrebbe avuto senso scrivere un libro rivolto a due "pubblici" diversi.

Il primo pubblico cui si rivolge questo libro è infatti rappresentato dalle coppie in procinto di sposarsi e il secondo dagli organizzatori di matrimoni.

Siccome nella vita amo tantissimo ricevere consigli ma ancor più prendere le decisioni in cui credo fermamente, ho deciso in ogni caso che questo libro doveva essere legato a questi due pubblici ben specifici per una ragione incontrovertibile.

La ragione è che uno sposo, se vuol creare un evento memorabile, deve conoscere come "ragiona" un organizzatore di matrimoni e, a sua volta, un organizzatore deve assolutamente conoscere come "ragiona" uno sposo.

Questo che ti stai apprestando a leggere è l'unico libro al mondo che ti fornirà informazioni indispensabili per creare un evento nuziale da favola, sia che tu lo organizzi in prima persona, sia che tu sia il festeggiato.

Nella mia vita ho organizzato più di mille matrimoni e il matrimonio più importante che ho orchestrato è stato proprio il mio.

Conosco bene cosa significhi organizzare eventi nuziali da favola e conosco bene anche cosa significhi sposarsi e vivere un matrimonio meraviglioso...

Affinché uno sposo possa fare le scelte migliori per il suo matrimonio, oltre ai passi migliori che può fare per raggiungere il proprio obiettivo, è opportuno che conosca anche le strategie che un organizzatore può usare per offrirgli il miglior servizio possibile.

Alla stessa maniera, e in un processo logico ancor più intuitivo, un organizzatore di matrimoni dovrà conoscere quali sono le difficoltà che uno sposo può avere nella scelta della migliore location e del consulente più adatto per lui.

Per questi motivi, e per tutto quanto scoprirai in questo libro, il presente testo è una sorta di guida completa e unica nel suo genere che si rivolge in modo sinergico e pertinente a entrambi i pubblici: sposi e organizzatori.

Prima di indicarti quali sono i benefici che avrai nella lettura del testo, concedimi di fare dei ringraziamenti particolari... dei ringraziamenti che servono a farti capire sin da subito qual è il percorso a due binari paralleli che il libro seguirà, un percorso guidato unicamente dalla enorme passione ed esperienza che da sempre ho per l'argomento "matrimonio" ;-)

Grazie perché

Per capire come questo libro ti possa aiutare per organizzare al meglio il tuo matrimonio o quello di altri, è necessario, senza tanti inutili fronzoli, che tu comprenda da subito chi sono e perché oggi sono visto come un importante riferimento nel mio settore.

Mi chiamo Davide Mecozzi; sono un organizzatore di eventi e formatore.

Mi reputo una persona diretta e schietta.

Coerente al mio modo di essere, in questo libro, userò una forma di comunicazione colloquiale; rivolgendomi a te che mi leggi come se fossi il mio migliore amico.

Nelle prossime pagine cercherò di darti le informazioni più utili per raggiungere l'obiettivo che ti sei prefissato.

Se alla fine della lettura avrai acquisito le conoscenze per organizzare al meglio un matrimonio da favola, sia esso il tuo o quello dei tuoi clienti, dovrai anche ringraziare le persone che io stesso devo ringraziare.

Non siamo delle isole in questa vita, ma siamo solo anelli di una catena senza estremi.

Per me è prioritario fare questa introduzione, perché, altrimenti, si perderebbe il senso del libro che stai leggendo.

Il senso del presente libro si basa infatti sull'amore che nutro per il mio lavoro e sulle condizioni che mi hanno permesso di svolgerlo a pieno regime, raggiungendo così il successo che ho sempre sognato.

A tal proposito vorrei quindi ringraziare principalmente tre persone.

La prima persona che intendo ringraziare è mia moglie Claudia perché sin da prima del matrimonio è stata per me - e con me - una donna eccezionale.

Infatti, lei, sprigionando una forza atavica che pare solo le donne riescano a liberare, è riuscita a starmi vicino, anche nella mia precedente attività che molto spesso mi allontanava da casa per lunghi periodi e mi esponeva a rischi pressoché quotidiani.

Durante quegli anni duri, lei mi vedeva come una fonte di paura e preoccupazione per la serenità della nostra famiglia ma, allo stesso tempo, lei sapeva ciò che io nemmeno immaginavo.

Senza che io mi rendessi minimamente conto di questa sua innata consapevolezza premonitrice, lei, infatti, sapeva già che insieme avremmo potuto cambiare in meglio.

Avremmo potuto evolverci semplicemente perché lei credeva in me.

E per un uomo, avere una donna con queste convinzioni, è la fortuna più grande.

Ritengo che aver sposato una donna di questo tipo, mi abbia condizionato inconsapevolmente, facendo innescare dentro di me la passione per l'organizzazione dei matrimoni.

Pare che non si riesca a conoscere da dove nascano le passioni più grandi della nostra vita.

Quelle per cui lottiamo una esistenza intera.

Quelle che ci fanno alzare al mattino presto, quando è ancora buio.

Quelle che non ci fanno dormire la notte, perché ci tormentano con un fiume di pensieri che non smettono mai di scorrere.

Ciononostante io credo di aver capito da dove è nata la mia passione.

Credo di aver capito perché un giorno è schioccata una scintilla che mi ha convinto di abbandonare un lavoro rischioso per dedicarmi all'organizzazione di eventi e alla formazione.

Ritengo di riuscire a organizzare matrimoni meglio di tanti altri professionisti - stando alle testimonianze dei miei clienti - anche perché durante l'organizzazione dell'evento, proietto nei miei clienti la mia felicità derivante dall'aver sposato una donna come Claudia.

Sono un maniaco della perfezione.

Sono una persona molto determinata.

Sono uno che studia giorno e notte per migliorare.

Ma se ho una marcia in più nel mio lavoro è semplicemente perché con me c'è Claudia, mia moglie.

Non voglio creare un incipit sdolcinato, ma da subito, a te che mi leggi, ho necessità di lasciare questo messaggio che per me è importantissimo.

Se oggi ho ottenuto il successo che ho, buona parte del merito è anche di mia moglie che è riuscita a supportarmi nei miei progetti.

Mia moglie mi ha aiutato a crescere.

Mi ha preso per mano e mi ha accompagnato nel cammino della vita seguendo le mie aspirazioni, senza essere per me mai un ostacolo ma sempre un vero aiuto.

Ho conosciuto mia moglie Claudia che eravamo entrambi adolescenti.

Anche lei, come me, veniva da una famiglia umile.

Ha avuto sempre una grande forza, un'energia che le ha permesso di curare con grande attenzione la famiglia e di conseguire addirittura due lauree.

Inoltre, questa sua forza speciale, le ha permesso per anni di sopportare situazioni che tante altre donne probabilmente non avrebbero retto nemmeno per settimane.

Situazioni in cui una moglie vede uscire il proprio marito di casa per diversi giorni, per lavoro, senza sapere quando sarebbe tornato e soprattutto, l'aspetto più pesante, sapendo che ciò che poteva conoscere delle attività del marito aveva una soglia che non poteva essere oltrepassata.

Nel frattempo, insieme a mia moglie, siamo riusciti a far crescere anche la nostra famiglia perché oggi siamo i genitori di due fantastici ragazzi: Sara e Riccardo.

Sara è una studentessa di Medicina che sta macinando esami con tempi velocissimi e col massimo dei voti.

Riccardo, un piccolo genio, con un carattere completamente diverso dalla sorella.

A soli sedici anni intende già emulare le gesta del papà.

Non sono in conflitto con lui ma sto impiegando risorse importanti per spiegargli che ancora non è possibile fare a sedici anni ciò che io faccio a cinquanta.

Il bello delle relazioni intergenerazionali è rappresentato proprio questi rapporti sbilanciati e attraenti.

Mia moglie ora è insegnante, un'attività che ama ma che la sta anche sfiancando.

In ogni caso, lei riesce anche a darmi un grande supporto nel mio lavoro.

Nei fine settimana, durante i matrimoni che organizzo, lei è con me.

Avere la possibilità solo di vederla ogni volta, mi rasserena e mi dà un motivo sempre valido per sopportare tutto il grande lavoro che svolgo.

Il messaggio che subitaneamente vorrei comunicarti è perciò

questo: oltre a tutto ciò che di *tecnico* serve per organizzare matrimoni da favola e che nel presente libro ti insegnerò, **io riesco oggi a organizzare matrimoni da favola perché ho vissuto - e sto vivendo - un matrimonio da favola.**

Credo nella famiglia.

Credo nel lavoro.

E credo soprattutto nella coerenza tra ciò che si è e ciò che si fa.

Ecco... spero che ora ti sia più chiaro il ragionamento al quale ti ho portato con queste prime parole del mio libro.

Ciò che si è, ciò che si fa.

Solo quando questa speciale equazione è soddisfatta, si può puntare all'eccellenza.

Le mie origini sono semplici e umili.

Mio padre è stato un muratore e mia madre casalinga.

Ho vissuto l'infanzia nella statica normalità di una famiglia come tante.

Quando ho incontrato mia moglie lei ha cambiato questa normalità in qualcosa di costruttivamente anormale, perché ha dato una spinta alla mia voglia smisurata di realizzarmi come uomo e di crescere veramente.

Sono cresciuto perché lei è riuscita a farmi capire che insieme potevamo ambire a *molto di più*.

A lei non piaceva il lavoro che svolgevo, perché conteneva una componente di rischio sempre accesa che a volte diventava accecante.

Nel prossimo capitolo ti svelerò perché eravamo così perennemente a rischio e quale era il lavoro che svolgevo prima di diventare un organizzatore di matrimoni molto ricercato.

Prima però voglio ringraziare altre due persone che per me sono vitali.

I miei figli: Sara e Riccardo.

Seppur giovani, sono stati vicini alla mamma e a me con una maturità sorprendente, facendoci superare i momenti difficili di transizione e i momenti di sconforto.

Perché, nell'impeto della creazione di questa prima parte del libro, posso apparire come il *patriarca* di una famiglia perfetta, ma non è così.

La mia famiglia non è perfetta.

Al suo interno si manifestano conflitti come in tutte le famiglie.

Tuttavia la mia famiglia è felice.

Ed è per la felicità della mia famiglia che lotto ogni giorno.

Con Sara, la primogenita, ho un rapporto meraviglioso perché poco dopo la sua nascita, mi presi sei mesi di aspettativa.

Ebbi così, in quel periodo in cui la vita sboccia, la possibilità di stare a fianco a lei continuamente.

In quella fase ero sì il papà, ma il papà che in parte faceva anche la mamma.

Questa conoscenza iniziatica tra padre e figlia, così intima e piena, ha condizionato profondamente il nostro rapporto.

Tra me e Sara basta veramente uno sguardo per capirci e le parole a volte sono per noi superflue.

Riccardo è arrivato dopo qualche anno e, come si suol dire, i secondogeniti arrivano più veloci.

Lui è nato nell'era di Facebook e mi accorgo che il suo mondo è un mondo che va esponenzialmente più veloce del mio *vecchio* mondo alla sua stessa età.

Io e lui siamo come amici anche se ci tengo, quando serve, a ristabilire il ruolo genitoriale per dargli una guida che in questa età deve essere insostituibile.

Probabilmente ti starai chiedendo perché sto ringraziando i miei due figli: il motivo è semplice.

Perché anche loro, come mia moglie, hanno capito il sacrificio necessario per raggiungere i risultati che oggi mi permettono di essere uno dei principali riferimenti nel mio settore.

Organizzare centinaia di matrimoni in pochi mesi è un sforzo incredibile.

Un lavoro che spesso ti porta via nottate intere, che assorbe coercitivamente il tuo tempo senza possibilità di scampo.

E mentre tutto questo è accaduto, mentre nella mia vita ho dato il massimo per il mio lavoro allo scopo anche di riversare le conoscenze di questa esperienza dura e profonda nel presente libro, loro, i miei due figli, hanno sempre capito.

Nella lontananza fisica mi sono stati affettivamente vicini più che mai.

Oggi sono dei ragazzi integri, ben consapevoli che i risultati nella vita si raggiungono col duro lavoro e rispettosi del valore assoluto della famiglia.

Ringrazio i miei due figli perché anche se non sono stato costantemente presente, si comportano come se io fossi stato sempre presente.

A volte penso a come tutto ciò sia stato possibile e traggo perciò una prima superficiale conclusione, ossia che sono un uomo fortunato.

Tuttavia, non credo che le stelle cadano dal cielo, se mi guardo bene intorno nella mia casa e faccio un paio di respiri profondi, c'è solo una verità che viene a galla.

La verità è che mia moglie ha fatto veramente un lavoro grandioso.

Sei in procinto di sposarti?

Se sei una persona che sta per sposarsi, stai quindi per avvicinarti molto probabilmente a uno dei giorni più belli e memorabili della tua vita.

Se qualcosa durante questo evento andasse storto, avrebbe un peso diverso rispetto a qualsiasi altro evento della tua esistenza.

Infatti, durante il matrimonio, il peso di un imprevisto spiacevole è ben più alto rispetto a ogni altro evento.

Tale "peso specifico" potrebbe diventare un vero e proprio macigno, un nefasto ricordo che rimarrà purtroppo indelebile e stentoreo nei ricordi dei tuoi amici e familiari.

Il passaparola di un evento negativo è stato dimostrato scientificamente si diffonde otto volte più velocemente del passaparola positivo, nel giro di qualche settimana, tante altre persone verranno a conoscenza di quello spiacevole inconveniente che ha caratterizzato il giorno più bello della tua vita.

Sarebbe un vero disastro, vero?

Questa perenne iettatura non la meriterebbe nessuno.

Nessuno si merita un matrimonio con brutte sorprese

Infatti, in base a quanto ho riscontrato dalla mia vasta esperienza nel settore dell'organizzazione di eventi nuziali, anche le persone che divorziano dopo pochi giorni dal matrimonio, prima di sposarsi, ti assicuro che hanno sempre intenti fautori di amore di lungo termine, per il quale il matrimonio ne è il festoso punto di ingresso.

Mi occupo di organizzare matrimoni da più di quindici anni. Sono anche proprietario di location e negli ultimi anni ho organizzato quasi mille matrimoni.... e ogni volta che ho allestito un evento di questo tipo ho pensato sempre quali fossero gli accorgimenti e le attenzioni per fare in modo che tutto filasse liscio.

Non si ha mai la certezza che tutto sia perfetto, ma se si segue una procedura collaudata e una serie di consigli che in questo libro ti illustrerò passo dopo passo, ti assicuro che il tuo matrimonio rimarrà il giorno più bello della tua vita.

Dato che, com'è normale che sia, non tutte le persone che si rivolgono a me diventano miei clienti, in questi ultimi anni ho ascoltato le esigenze e le preoccupazioni di migliaia di sposi.

Ho perciò organizzato e classificato tutte queste preziose informazioni raccolte dalle coppie in procinto di sposarsi.

Grazie a questo ampissimo volume di dati ho creato una procedura di lavoro ottimale, ho modificato le location in modo che diventino uno spazio su misura per i sogni degli sposi e ho creato dei processi gestionali che rispondono rapidamente, con semplicità e massima efficacia alle esigenze dei miei clienti.

Odio essere autoreferenziale, ma puoi leggere sul mio sito centinaia di recensioni entusiastiche di sposi che hanno coronato nella mia location il giorno per loro più bello in assoluto.

Di seguito ne riporto alcune.

Roberto e Maria Vittoria scrivono:

Cari Davide e Claudia, approfittiamo di questo spazio per ringraziarvi dal profondo del nostro cuore: avete reso indimenticabile e PERFETTO il nostro giorno più bello.
Non si tratta solo dell'organizzazione precisa ed impeccabile, del cibo sublime in ogni portata, neanche dell'atmosfera di pace e serenità che si è respirata grazie a tutto lo staff sempre presente, efficiente ma discreto.
Il fulcro è che siete riusciti a rendere ogni cosa, anche nel più piccolo dei particolari, PERFETTA, lasciandoci vivere senza pensieri nel segno dell'emozione e divertimento, questa giornata indimenticabile: tutto era orchestrato

in maniera ineccepibile, preciso come un orologio svizzero.

Da domenica non faccio altro che ricevere messaggi e chiamate di ringraziamento per la splendida giornata vissuta in una location magica, con un cibo e servizio fantastico, musica di altissimo livello ed intrattenimento sconvolgente.

Davvero grazie, per aver reso questo evento vincente sotto ogni punto di vista, per averci lasciato liberi di scegliere quello che volevamo dandoci dei preziosissimi consigli anche sullo staff da coinvolgere che, credimi, penso sia veramente insuperabile.

Per noi era fondamentale poterci godere con serenità e spensieratezza questa giornata, ma soprattutto coinvolgere e far divertire in una splendida festa gli invitati.

Per noi era il regalo più bello da fare a chi quel giorno era con noi.

Ci siamo riusciti.

Ci siete riusciti.

Roberto Fiorelli scrive:

Caro Davide, il nostro ricordo è sempre vivo nei nostri cuori, ti pensiamo spesso…io(Roberta) vorrei rifare tutto da capo per ritornare in quel bell'angolo di paradiso, ancora oggi, dopo due anni (il 5 maggio) ti ringraziamo per la tua professionalità, spontaneità e gentilezza, che oggi è difficile trovare…

Luigi e Roberta.

un caro saluto.

PS: anche dal nostro piccolo Ivan

Manuela e Claudio scrivono:

Sembra ieri che, quasi per caso, siamo capitati in questo posto fantastico, invece sono già passati quasi due anni (15 luglio 2012); i ricordi di quella serata sono da noi custoditi gelosamente, perché è stato semplicemente tutto perfetto: il cibo (ottimo), la location semplicemente magnifica, lo staff sempre disponibile, l'animazione… insomma tutto. Abbiamo scoperto in Davide un grandissimo professionista, ci ha saputi consigliare e seguire in modo impeccabile, ma soprattutto ci ha accolto come persone di famiglia, accompagnandoci al grande giorno con grande serenità.

Consigliamo "La Collinetta" a tutti coloro che vogliono vivere, nel giorno del matrimonio (e non solo), un'esperienza a dir poco perfetta!!! Speriamo di rivederci prestissimo!!!

Con affetto Manuela e Claudio.

Valeria e Cristiano scrivono:

Sono già passati 8 mesi dal nostro evento ma il ricordo di questo giorno indimenticabile è vivo come fosse ieri! Il caro Davide ci ha seguito fin dal primo momento in cui abbiamo messo piede alla "Collinetta" e per quanto le soluzioni su Roma sono infinite devo dire che usciti di lì eravamo già certi che fosse il posto giusto... e posso giurare che tutto è stato come e meglio l'avevamo immaginato! I nostri ospiti sono stati entusiasti e della scelta della location e dell'organizzazione dell'evento visto che in particolare il nostro matrimonio si è svolto sia a pranzo che a cena. La competenza di Davide si è rivelata infatti anche nella scelta delle persone a cui si affida per lo svolgimento dell'evento, prima fra tutte Carlo il cantante/animatore semplicemente STREPITOSO che è riuscito a coinvolgere tutti i nostri ospiti che ancora lo ricordano piacevolmente. L'animatrice dei bambini carinissima e disponibile e tutto lo staff di camerieri e cuochi che sono stati dei veri campioni nel sostenere tutta quella calda e lunga giornata senza farci mai mancare niente.

Che altro dire... Se scegliete la "Collinetta" avete già "VINTO" perché il vostro matrimonio sarà ricordato come una giornata piacevole e indimenticabile non solo da voi ma da tutti i vostri ospiti...

Un caloroso e forte abbraccio a Davide e Claudia i veri traghettatori di tutto l'evento e persone che non dimenticheremo mai.

Alessandra e Francesco scrivono:

"Quando il PROFESSIONISMO diventa AMICIZIA".
Uno nella vita spera di sposarsi una sola volta, ma dovessimo rifarlo sicuramente sceglieremmo di nuovo la collinetta. La location i profumi le sensazioni che lascia questo posto sono UNICI ma il vero tocco in più a detta nostra e cosa che ci fa ancora più felici, dei 120 ospiti presenti, la danno Davide e il suo staff sempre seguiti, sempre coccolati e niente lasciato al caso! Le differenze la fanno i dettagli!

Solo un indelebile e meraviglioso ricordo

Avere questi riscontri positivi, anche a distanza di tempo, è il motivo che mi spinge a migliorami ogni volta e a fare in modo che il matrimonio migliore che organizzerò sarà sempre il prossimo.

Queste testimonianze rafforzano il concetto che il matrimonio prima di essere "l'evento di domani", sarà un ricordo indelebile che oggi deve essere costruito pianificando l'evento con la massima cura e professionalità.

Se si lavora con questo concetto in mente, come cerco di insegnare al mio staff, ogni dettaglio avrà la sua meritata importanza e le procedure organizzative avranno il loro corretto corso.

Avere chiaro sin dal principio quanto sia impattante nel futuro degli sposi il mio ruolo e quello di tutti i miei collaboratori, ci consente di lavorare con un livello di attenzione che a me piace paragonare a quello che si deve usare in una sala operatoria, durante un intervento chirurgico.

Non useremo il bisturi durante il matrimonio, ma useremo un livello di concentrazione altissimo e svilupperemo un lavoro di squadra e una collaborazione molto simili a una ottima equipe operante in sala chirurgica.

Il matrimonio inevitabilmente traccia la storia delle persone. Per questo amo dire che nel mio lavoro organizzo ricordi indelebili piuttosto che "l'evento di domani".

L'esercizio che faccio sempre prima di organizzare un matrimonio è quello di non vedere le cose camminando nella mia location, tra giardini curati, prestigiose effigie, tovaglie che sembrano veli, ma di volarci sopra.

Il mio esercizio è guardare dall'alto per osservare tutto, e cambiare continuamente punto di osservazione come un satellite che funge da scanner.

Se vuoi che non ti sfugga niente, questo è l'unico modo di operare.

Se poi hai delle procedure condivise con uno staff correttamente addestrato in base alle procedure stesse, allora, la perfezione, seppur irraggiungibile per definizione, diventa molto vicina.

La Location è predominante sul resto

Se stai per sposarti e devi scegliere una location per il pranzo – o cena –, devi essere consapevole che stai per scegliere il posto in cui passerai la maggior parte del tempo del matrimonio, che solitamente comporta circa sette o otto ore per matrimoni classici nel centro e nord Italia (al sud questa tempistica si espande prolissamente ;-)).

All'interno di questo libro ti insegnerò come scegliere la migliore location per il tuo evento, evitando gli errori che molti sposi fanno andando a festeggiare il giorno più bello in posti inadeguati.

Infatti, ogni matrimonio è diverso dall'altro e non tutte le location sono appropriate per ogni evento nuziale.

Non c'è giorno che passi, dal lunedì al venerdì, che non accolga futuri sposi nel mio ufficio.

Anche se poi decideranno di festeggiare il matrimonio senza la mia collaborazione, il mio ruolo è sempre quello di fornire loro una consulenza che, oltre ai consigli basilari nell'impostazione organizzativa dell'evento, si basa pure su domande specifiche che individuano i fattori che determinano la miglior location.

Risulta prima di tutto intuitivo capire come il numero degli invitati sia uno dei fattori primari che incide sulla scelta della location.

Tuttavia, senza dargli una priorità più bassa, la tipologia di festa che si vuol fare come intrattenimento oltre a ciò che offre la tavola, il background socio-culturale degli invitati, le preferenze degli sposi e tante altre condizioni al contorno che nel proseguo del libro ti svelerò, devono essere tenute in grande considerazione per creare la macchina perfetta, nel luogo perfetto, per il giorno più bello.

Chi vende matrimoni è un consulente

Se sei un organizzatore di matrimoni, in questo libro, ti svelerò come trasformarti da un semplice "venditore di una data" in un consulente che vende bene senza grossi sforzi. Infatti, solo se diventerai un ottimo consulente in questo settore, potrai poi diventare un implacabile venditore di eventi.

Ripeto: se vuoi vendere matrimoni non dovrai essere un venditore ma un consulente.

Per essere un consulente non basta essere una "persona gentile", ma è necessario predisporsi all'ascolto dei futuri sposi e indirizzarli verso la strada per loro migliore e che dia ovviamente dei vantaggi anche a te.

Come tutte le vendite di successo, cioè quelle che permettono di instaurare un rapporto di fiducia col cliente che parlerà bene del venditore con altre persone, si deve quindi instaurare una relazione "win-win", ossia una relazione in cui tutti vincono e quindi tutti sono felici dei risultati raggiunti. In questo caso sia l'organizzatore del matrimonio sia gli sposi dovranno vincere.

L'erogazione ottimale di una consulenza è un'attività che non può prescindere da conoscenze avanzate e settoriali di comunicazione che il consulente deve avere.

In questi ultimi anni ho speso decine di migliaia di euro in formazione con i più importanti trainer mondiali esperti di crescita personale, comunicazione e business.

Ho letto valanghe di libri su tali temi e questa insaziabile volontà di migliorare le mie conoscenze in settori specifici mi ha consentito di essere oggi un consulente in grado di vendere bene i propri servizi con risultati win-win.

Se si intende svolgere questo lavoro, organizzando a raffica grandi eventi, pensare di riuscirci senza formarsi in continuazione credo sia un'utopia.

Oggi, più di qualche anno fa, tutto cambia a una velocità impressionante. Senza che ce ne accorgiamo in poco tempo cambiano i modi di relazionarsi, la comunicazione interpersonale, gli strumenti per gestire la comunicazione.

L'avvento dell'era digitale, l'uso degli smartphone, l'uso del web per veicolare il marketing hanno stravolto il lavoro degli organizzatori dei matrimoni e di conseguenza, questi fattori, hanno anche cambiato la "sensibilità" dei futuri sposi verso aspetti dell'evento che, solo qualche anno fa, erano impensabili.

Un consulente, un organizzatore di eventi deve arrivare prima dei clienti su questi aspetti per usarli a suo vantaggio anziché diventare per lui un handicap.

Per questo motivo è essenziale formarsi continuamente, stare al passo coi tempi e fornire soluzioni cha rendano felice il cliente e che, allo stesso tempo, favoriscano il business con meccanismi che consentono di rafforzare il brand del consulente.

I 24 segmenti di un matrimonio

Inoltre, la formazione deve essere fatta per migliorare a ogni nuovo evento i processi organizzativi che sono molto più complessi di quanto si immagini.

Infatti, nei processi organizzativi che uso per gestore un matrimonio, gestisco in modo strutturato e con procedure che sono oggi pressoché automatizzate e solidamente collaudate, ventiquattro segmenti, che di seguito riporto.

1. Ville per Matrimoni
2. Dimore storiche
3. Ristoranti per Matrimoni
4. Hotel per Matrimoni
5. Location per Matrimoni
6. Agriturismi
7. Abiti da sposa e sposo

8. Trucco e acconciature
9. Gioielli e fedi nuziali
10. Catering per matrimoni
11. Fiori e allestimenti
12. Noleggio arredi per matrimoni
13. Fotografi e video
14. Bomboniere Matrimoni
15. Musica e intrattenimento matrimoni
16. Torte nuziali
17. Noleggio auto da matrimonio
18. Animazione bambini
19. Lista di nozze
20. Partecipazioni di nozze
21. Wedding planner
22. Viaggi di nozze
23. Benessere SPA matrimoni
24. Arredamento matrimonio

Da questa lista è esclusa la chiesa perché solitamente questa scelta specifica si limita a delle opzioni molto ristrette.

Per ognuno di questi segmenti ho raccolto una lista dei "migliori fornitori" ai quali ho attribuito una valutazione in accordo a dei parametri che tengono conto:
 • della qualità del servizio/prodotto offerto,
 • del costo,
 • dell'affidabilità della consegna del servizio/prodotto,
   della pertinenza e sinergia con il ritmo col quale si deve svolgere l'evento, in particolare nella location.

Per quest'ultimo aspetto, di seguito, nel presente capitolo, riporterò un esempio chiarificatore riguardante il ruolo del fotografo e di come sia fondamentale che esso conosca e rispetti i ritmi dell'evento nuziale, onde evitare problemi che danneggerebbero irreparabilmente tutto l'evento, andando proprio a sfalsare il cronoprogramma del matrimonio.

Ovviamente un matrimonio non richiederà il coinvolgimento di tutti i ventiquattro segmenti, ma della maggior parte di essi. Infatti, i primi sei segmenti riguardano la scelta della location.

Dal settimo segmento in poi sono riportati i fornitori fondamentali per l'organizzazione di matrimoni veramente prestigiosi, per questo la SPA è tra i miei fornitori fondamentali, dato che, per mia scelta di business, organizzo solo eventi eccellenti.

Se ti rivolgi a un wedding planner, allora sarà questo a occuparsi di gran parte delle attività elencate nei 24 segmenti, ma, in tal caso, tenendo questa lista salda in mano e chiara in mente, ti consiglio di verificare esattamente cosa il weddding planner gestirà e quali voci rimarranno eventualmente escluse dalla sua gestione.

Se si lavora per l'eccellenza è necessario tenere in conto che si deve fornire il migliore servizio erogato dai migliori fornitori adatti per lavorare proprio durante un evento nuziale.

La matrice decisionale ponderale

Nella fase iniziale dell'organizzazione del matrimonio, il mio consiglio quindi è di scrivere nella tua agenda, oppure usando una APP per la gestione dei compiti (io suggerisco a esempio Wunderlist), una tabella con i nomi dei possibili fornitori.

Per ogni fornitore vale la pena in questa fase iniziale considerare almeno tre opzioni, anche solo per avere altri prezzi e usarli eventualmente per far leva sul fornitore cui punti.

Considera però che se vuoi creare un evento eccellente, risparmiare qualcosa può compromettere l'eccellenza, abbassando quindi il livello qualitativo del tuo evento.

A ognuna di queste tre opzioni che sceglierai per i tuoi fornitori, puoi associare un punteggio da uno a cinque per dei parametri specifici. Tanto il punteggio è alto, tanto più il valore di quel parametro sarà alto.

Alla fine la scelta del fornitore dovrà essere fatta in base al punteggio complessivo più alto derivante dalla somma dei vari parametri.

I parametri che puoi conteggiare per ogni fornitore sono relativi a:
–Q: qualità e affidabilità del servizio
–C: costo
–M: esperienza positiva in altri matrimoni

Per il punteggio da attribuire al parametro C, quindi al costo, per gestire al meglio il budget dell'intero evento, si deve tener conto di due riferimenti: il primo relativo al budget complessivo dell'evento e il secondo al budget relativo a quel fornitore specifico.

Se ad esempio si hanno a disposizione 30.000 euro per tutto l'evento e di questi 30.000, al massimo 1.500 euro possono essere dedicati ai fiori, il punteggio che dovrà essere dato al parametro C, cioè al costo, dovrà tener conto di una scala di prezzo da un minimo ad esempio di 500 euro a un massimo di 1.500 euro.

Inoltre, il punteggio che dovrà essere dato alla qualità dovrà tener conto di molti altri aspetti che in questo libro saranno esaustivamente trattati nei prossimi capitoli. Tuttavia, in ogni caso, in questo primo capitolo intendo fornirti le seguenti indicazioni per andare subito al sodo (vedi tabella sottostante) e per esporti informazioni utili e pratiche che puoi usare da subito.

Con tali informazioni puoi abbattere il più possibile la possibilità di commettere errori che comprometterebbero il tuo evento.

Esempio di Matrice Decisionale Ponderale

Servizio		Fornitore 1	Fornitore 2	Fornitore 3
Ville per Matrimoni		Villa Santa	Villa Aiello	Villa Serena
	Q	3	4	5
	C	4	4	2
	M	0	5	5
Abiti da sposa e sposo		Sposa bella	Vesti bene	Sciscià
	Q	2	5	4
	C	4	5	2
	M	3	5	0
Trucco e acconciature		L'amica	Gioellibelli	Beautyfarm
	Q	3	4	5
	C	4	3	2
	M	0	5	4
Gioielli e fedi nuziali		Livio	Gioellibelli	Mario
	Q	5	4	4
	C	2	3	3
	M	1	5	2
Catering per matrimoni		Royal	Hilton	Superfood
	Q	3	4	3
	C	4	2	2
	M	2	2	5
Fiori e allestimenti		Fiorimiei	Regalafiore	Amico con ingrosso
	Q	3	4	4
	C	4	4	2
	M	0	3	5
Altro…				

Nella tabella soprastante si riporta, a titolo di puro esempio con nomi e valutazioni inventate, la matrice decisionale ponderale che si suggerisce di usare.

Se si valuta la matrice decisionale del parametro Ville per Matrimonio, la scelta dovrebbe ricadere su Villa Aiello in quanto ha un punteggio complessivo di 13 punti, mentre Villa Serena 12 punti e

Villa Santa Maria 7 punti.

Questa matrice ovviamente non è la legge da seguire perché comunque è soggetta a criteri discrezionali, ma è uno strumento da usare soprattutto per prendere decisioni che siano le più oggettive possibili e che mettano d'accordo anche più "attori" coinvolti nei processi decisionali.

Supponiamo quindi che a scegliere debbano essere i futuri marito e moglie ma, ahimè, anche le due suocere.

In questo caso si possono fare delle matrici decisionali per ogni attore (quindi 4 matrici decisionali) e per togliere il livello di discrezionalità sulla valutazione della qualità del servizio.

La valutazione di qualità associata alla location che intendo vada valutata con la matrice decisionale ponderale, NON è il punteggio di Tripadvisor. Essa è invece una valutazione ben più complessa, strutturata e specializzata per i matrimoni e che deve tener conto di molteplici aspetti – semplici da apprendere ma sconosciuti alla gran parte – e che in questo libro sono spiegati.

Usando tutte le matrici – dopo aver letto questo libro – nessuno avrà da ridire, perché la scelta avverrà rapidamente, in modo democratico e sfruttando criteri oggettivi – e non affettivi, come l'immancabile "amico dell'amico" – dei fornitori.

Scelte oculate: il fotografo e l'animazione

Ad esempio sapere cosa significhi scegliere un fotografo adeguato che consenta all'evento di partire col piede giusto, è uno dei tanti aspetti che molti organizzatori non tengono in considerazione, commettendo un errore grossolano che può compromettere tutto l'evento.

Può essere banale ma la cosa migliore da fare quando si organizza un evento, è far partire l'evento nel modo migliore.

Durante i party nuziali, il fotografo, in tal senso, ha un ruolo cruciale perché è proprio la persona – l'unica - che sta con gli sposi prima del pranzo (o cena) e cha ha il compito di portarli nella location prima che si inizino a riempire i piatti e i bicchieri.

Invece, se il fotografo è un professionista che pensa solo svolgere al meglio il suo tempo, prendendosi i suoi tempi per fare il lavoro come meglio desidera, senza pensare che nella location ci sono cento, o duecento o trecento persone che aspettano gli sposi, allora tutto l'evento potrebbe essere malamente compromesso sin dal suo esordio.

Infatti, se gli sposi arrivassero in ritardo, tutti i passi successivi relativi all'evento, dovrebbero avere una durata più breve per fare in modo che tutto sia svolto secondo il programma prestabilito.

Talvolta, il ritardo degli sposi può addirittura comportare l'eliminazione di un sotto-evento organizzato che avrebbe reso ancor più speciale l'intera festa.

Lo stesso discorso può essere affrontato in relazione alla scelta dell'intrattenitore dell'evento e che detta solitamente i vari passi con cui la festa è costruita.

Nonostante ciò, esiste veramente una cultura molto scarsa a tal proposito e la scelta di un professionista inadeguato può anch'essa compromettere la riuscita di tutto l'evento.

Un'altra figura fondamentale per la buona riuscita dell'evento è il fiorista.
Solitamente si ha sempre un amico che svolge questa professione e questo è uno dei rischi più grandi in cui si può incorrere ;-)

Il fiorista deve conoscere le dinamiche che caratterizzano il matrimonio e deve avere un'esperienza importante di gestione dell'abbellimento floreale per le feste nuziali.
Ad esempio, negli ultimi anni si usa fare un abbellimento floreale per la chiesa da riusare come centro tavola per il pranzo/cena nuziale.

Questa formula è molto usata perché permette di abbattere anche una parte di costi, ma bisogna fare molta attenzione a usarla in modo profittevole e non dannoso.

Nel periodo estivo il fiore è molto delicato ed è soggetto a un naturale decadimento che è tanto più rapido quanto più la temperatura è alta e quanto più è soggetto a trasferimenti e a escursioni termiche.

Supponiamo quindi che si usino questi fiori per le foto del giorno precedente al matrimonio.

La composizione floreale dovrà quindi rimanere una notte depositata solitamente in una stanza che la sposa mette a disposizione.

Il mattino dopo questi fiori saranno trasportati in chiesa in cui rimarranno un paio d'ore.

Dopo la chiesa i fiori saranno trasportati nella location del pranzo o della cena.

Immagina una giornata molto calda (luglio guarda caso è uno dei mesi in cui si organizzano più matrimoni). Le temperature alte e la disidratazione tendono a far appassire i fiori che andranno poi a finire di fronte agli sposi, nel tavolo centrale dell'evento, ossia il tavolo continuamente osservato, applaudito ed eventualmente criticato.

Affidarsi a un'azienda di professionisti che, durante gli spostamenti dei fiori, viaggi con mezzo frigorifero, permette di salvaguardare il vigore floreale della composizione che sarà l'elemento decorativo più importante e più osservato di tutto l'evento.

Abbiamo visto quindi l'importanza di scegliere in modo strategico un fiorista bravo e che conosca le dinamiche del matrimonio, così come la stessa consapevolezza e capacità dovranno averle anche il fotografo e l'artista.

Ritorno perciò per un attimo sul ruolo dell'artista che è fondamentale e rappresenta addirittura uno dei tre pilastri su cui si costruisce una festa nuziale.

I tre pilastri dell'organizzazione di un matrimonio

So che ora ti stai chiedendo quali sono i tre pilastri di un buon matrimonio...

Il primo pilastro è la location.

È quello più importante perché nella location si passa più dell'ottanta per cento del tempo di tutto l'evento ed è dove gli ospiti entrano in contatto continuativo con gli sposi e altri ospiti.

La location è il luogo dove i cinque sensi sono fortemente sollecitati.

Nella location si mangia, si beve, ci si emoziona, si parla con altre persone, si ascolta musica, si balla anche.

E tutto questo avviene secondo un trend ben specifico che tiene conto dell'evoluzione enogastronomica dell'evento, dell'intrattenimento musicale, della compagnia e del clima ludico che si instaura a seconda anche dei sotto-eventi speciali che sono organizzati solitamente dagli amici degli sposi.

Il secondo pilastro è la chiesa.

La chiesa è importantissima ma in ogni caso occupa al massimo un'ora e trenta minuti di tutto l'evento.

Nella chiesa c'è una minima interazione tra gli invitati e il contatto con gli sposi è per gran parte del tempo puramente visuale.

Siccome ogni evento in cui un essere umano partecipa è tanto più memorabile quanto più è forte e intensa l'interazione umana, solitamente il pranzo, o la cena nuziale, proprio perché massimizzano l'interazione tra le persone, rappresentano la fase dell'evento nuziale che più di ogni altra verrà ricordata.

Questo è il motivo per cui i viaggi più belli che ricordiamo non sono quelli in cui abbiamo visitato i posti più belli, ma quelli in cui abbiamo avuto delle interazioni umane più interessanti.

Proprio in considerazione di quanto poc'anzi esposto, ossia della funzione cruciale che ha l'interazione umana ha in eventi di questo tipo, il terzo pilastro è l'animazione musicale.

L'animazione è rappresentata dall'artista che durante il pranzo/cena dovrà intrattenere gli ospiti cantando e suonando, interagendo con loro e presentando le varie fasi dell'evento.

A mio avviso, un buon animatore dell'evento nuziale deve essere:
–un buon cantante
–un buon musicista
–un grandissimo animatore

Per grandissimo animatore intendo che deve essere un professionista in grado di fare una performance che non sia stabilita a priori, ma che si evolva in accordo al riscontro che la sala gli offrirà.

La sua performance dovrà essere opportunamente plasmata per rispondere precisamente al profilo del pubblico cui si rivolge.
Infatti, un ottimo professionista, all'inizio del pranzo o della cena, dovrà studiare, ascoltare e "leggere" gli invitati.

Dovrà capire la matrice sociale, il profilo demografico e anagrafico per poi, nei minuti successivi, calibrare col buon senso e con una comunicazione corretta tutta la sua performance.

L'importanza di avere un grandissimo animatore si sente ancora più marcatamente quando ci sono degli imprevisti durante l'evento come ad esempio un acquazzone che non consente di sviluppare una parte della festa all'esterno.

In questo caso, giocoforza, bisognerà stare almeno otto ore al chiuso dentro la sala. Se non ci fosse un animatore veramente bravo, ti assicuro che l'attività più frequente svolta da gran parte degli invitati sarebbe quella di guardare l'orologio.

Secondo me questi sono quindi i tre pilastri per la buona riuscita di un matrimonio.

Fare la scelta giusta a tal proposito ti permette di creare le basi della buona riuscita di tutto l'evento nuziale.

Evitare gli errori è la prima cosa

Il mondo del matrimonio sembra facile da gestire. Tutti si sposano e tutti quindi "lo fanno", senza problemi pare, ma spesso le conseguenze di una organizzazione superficiale e di non tener conto di accorgimenti fondamentali, lasciano tracce nei ricordi delle persone che saranno dei ricordi negativi permanenti.

Tutti si ricorderanno del tuo giorno di matrimonio.

È uno dei giorni più importanti della tua vita, banale, lapalissiano, ma ti ripeto questo concetto perché se le persone si annoieranno, o mangeranno male, o si ricorderanno di quei fiori spenti di fronte agli sposi, o di quell'attesa sfiancante dell'inizio dell'evento ecc., tali aspetti condizioneranno per sempre il ricordo del giorno più bello.

Non sto cercando di rigirare il coltello nella piaga, ma sto solo spiegando che con le giuste accortezze e l'organizzazione adeguata, che in questo libro puoi finalmente conoscere, riuscirai a evitare errori marchiani e lascerai un ricordo bellissimo del tuo evento nuziale.

Un ricordo dove gli ospiti sono stati partecipi di una festa magnifica con momenti felici, in un'atmosfera intrisa di bellezza e piacevole intrattenimento per ognuno dei sensi umani.

Un altro esempio di errori da evitare è quello di affidarsi a location in cui ci sono eventi consecutivi già pianificati con distanze temporali relativamente strette.

Il matrimonio, dal mio punto di vista, è uno di quegli eventi che – ad eccezione della fase in cui la festa comincia (ricordi l'esempio del fotografo che accompagna gli sposi in ritardo nella location?) – non deve essere gestito con l'ansia degli orari e stando sempre attento all'orologio in ogni fase dell'evento stesso.

Durante un matrimonio possono sorgere inevitabilmente degli imprevisti che vanno gestiti con tempestività e professionalità.

I bravi organizzatori riescono nella maggior parte dei casi a render gli imprevisti invisibili agli occhi degli ospiti e degli sposi.

Tuttavia, questi imprevisti possono generare dei ritardi e, dato che il tempo è l'unica risorsa nell'organizzazione che non può essere recuperata, è normale a quel punto che ci siano degli slittamenti temporali che fanno allungare l'evento.

Se nel giorno seguente, o addirittura nelle ore successive, ci saranno altri eventi già organizzati nella stessa location, il rischio di questi slittamenti è veramente alto per il danno che si può arrecare all'evento in corso e/o al successivo evento già pianificato.

Ma non preoccuparti in questo libro ti spiegherò passo passo quali sono le strategie da usare per evitare di commettere gli errori nella scelta di location per l'evento nuziale.

Grazie agli insegnamenti che troverai al suo interno, se sei un futuro sposo, imparerai quindi come trovare la location perfetta per te e fare in modo che il tuo matrimonio sia indimenticabile.

Se sei invece un organizzatore di matrimoni, imparerai come organizzare un evento nuziale alla perfezione.

Enza Wed M.E. & Shop For Events scrive:

Non è semplice per noi weding planners, instaurare da subito un rapporto di affinità e complicità con i proprietari e gestori delle location in cui lavoriamo; perché spesso appariamo figure pignole e pretenziose, a causa del nostro desiderio di realizzare a pieno le aspettative dei nostri clienti.
A "La Collinetta" ciò avviene naturalmente poiché la perfezione e la professionalità sono all'ordine del giorno. Ringrazio perciò Davide e Claudia per la disponibilità e il supporto nel mio lavoro.
A prestissimo…

Alessandra e Francesco scrivono:

"Quando il PROFESSIONISMO diventa AMICIZIA".

Uno nella vita spera di sposarsi una sola volta, ma dovessimo rifarlo sicuramente sceglieremmo di nuovo la collinetta, la location i profumi le sensazioni che lascia questo posto sono UNICI ma il vero tocco in più, a detta nostra e cosa che ci fa ancora più felici, dei 120 ospiti presenti, la danno Davide e il suo staff sempre seguiti, sempre coccolati e niente lasciato al caso! Le differenze la fanno i dettagli!

Arianna e Giuliano scrivono:

Abbiamo visitato La Collinetta solo per curiosità, in quanto avevamo già scelto (e bloccato) un'altra location. Dopo la visita siamo rimasti da una parte colpiti dal posto, dalla cura dei dettagli, dalle opere in ferro battuto, dalla rustica originalità della sala Melograno; dall'altra eravamo interdetti per il modo in cui siamo stati accolti da Davide, persona sicuramente molto competente, ma che all'inizio crea un po' di disagio per la sua estrema formalità. Formalità che si è rivelata amichevole nel corso della programmazione e dell'evento stesso.

Avevamo molte idee in mente, la maggior parte delle quali ci sono state smontate e sostituite da altre. anche questo è stato motivo della nostra titubanza, però comunque abbiamo deciso di affidarci completamente a Davide, confidando nelle sue promesse.

Un'altra cosa che ci ha spiazzato è stata la prova del menù, che, contrariamente a molti altri, viene fatta durante un altro evento. Crediamo sia una cosa geniale per verificare le potenzialità e l'organizzazione del posto. Nell'occasione abbiamo anche visto all'opera Carlo, il musicista, che è stato, anche nel nostro caso, il protagonista dell'evento (ovviamente uno scalino sotto a noi!!).

L'estrema flessibilità della struttura e la professionalità di tutto lo staff è stata messa a dura prova, in quanto il tempo è stato incerto fino all'ultimo, hanno dovuto spostare mezzo buffet all'interno, senza che nessuno si accorgesse di nulla.

I nostri ospiti sono stati tutti sorpresi dalla giornata, giudicata giusta nei tempi e perfetta in tutto (accoglienza, cibo, intrattenimento, ecc.)

Che dire, consiglieremmo La Collinetta a chiunque desideri un evento speciale in una location speciale, con un servizio veramente impeccabile, in tutto. Fidatevi di Davide e non vi deluderà.

Un saluto a Davide e Claudia.

Organizzi Matrimoni?

Nel precedente capitolo ho introdotto sommariamente i benefici che un futuro sposo può avere dalla lettura del presente libro, organizzando così un matrimonio indimenticabile.

Nel prosieguo del libro troverai maggiori dettagli su questi insegnamenti. Inoltre, continuando la lettura, troverai accorgimenti e strategie per coronare uno dei giorni più memorabili della tua vita.

Il presente capitolo è dedicato ai direttori/gestori di location e organizzatori di matrimoni. Al suo interno è esposta un'introduzione ai benefici che queste figure possono avere dalla lettura del presente testo.

Se sei un futuro sposo ti consiglio di leggere comunque questo capitolo che ti aiuterà a capire la reale – o presunta – professionalità dell'organizzatore a cui farai riferimento.

Inoltre, come futuro sposo, grazie alla lettura di queste informazioni apparentemente a te estranee, riuscirai a capire se un organizzatore o gestore di location sta realmente seguendo i tuoi bisogni oppure sta solo furbamente cercando di assecondare esclusivamente i propri.

Wedding planner! chi era costui?

Se non sai cosa si nasconde dietro a questo inglesismo – wedding planner per l'appunto - ti riporto la definizione che Wikipedia attribuisce a tale figura professionale:

"L'espressione inglese wedding planner, in italiano organizzatore di matrimoni, si riferisce a una figura professionale che presta alle coppie in procinto di sposarsi qualche genere di consulenza rispetto all'organizzazione del giorno delle nozze. Questo genere di attività è piuttosto diffusa negli Stati Uniti d'America e in altre nazioni occidentali.

Dalle parole inglesi Wedding, ossia Matrimonio, e Planner ossia pianificatore, si definisce già, almeno in parte, la figura del Wedding Planner. Ossia è una persona che si occupa di pianificare e amministrare il matrimonio di una coppia insieme alla coppia.

Nella cultura internazionale il Wedding Planner è colui che si occupa di tutti gli aspetti relativi all'organizzazione del matrimonio. Segue la coppia dal principio fino al termine, e a volte anche oltre, la cerimonia e il ricevimento del matrimonio. Nella cultura italiana questa figura ha dovuto adattarsi al mercato italiano formato da coppie a cui piace organizzare da sé le proprie nozze e difficilmente delega questo compito a terzi.

Quindi questa figura professionale si è specializzata non solo nell'organizzazione completa del matrimonio ma anche nella creazione di mini servizi che possano interessare la coppia. I mini servizi sono tra i più disparati: dalla ricerca di location, catering, bomboniere, animazione bambini, alla consulenza, al coordinamento del giorno del matrimonio.

Alla coppia (o alle famiglie degli sposi) il wedding planner offre in genere consulenza per l'individuazione, la scelta e la formalizzazione dei contratti con i fornitori di servizi: ambientazione per il ricevimento nuziale, fioristi per gli addobbi, servizi di noleggio di autovetture di rappresentanza, fotografi ecc.

In relazione alla complessità dei problemi organizzativi e, generalmente, all'inesperienza dei futuri sposi, il ruolo del wedding planner è quindi principalmente quello di sollevare la coppia da questo genere di preoccupazioni, riducendo allo stesso tempo i rischi di vere e proprie situazioni di crisi.

Oltre a questo ruolo essenzialmente logistico, il wedding planner può acquisire anche quello di "direttore artistico" della cerimonia e del ricevimento.

Tradizionalmente, la professione di wedding planner si è sviluppata soprattutto tra il genere femminile."

Ho conosciuto in questi anni ottimi wedding planner, professionisti in grado di organizzare eventi in modo impeccabile.

D'altro canto, ho riscontrato che ce ne sono altri che non hanno spiccate doti professionali e, soprattutto, la sufficiente formazione per affrontare un lavoro molto più complesso di quanto si creda.

In Italia si stima che nel 2017 ci siano più di 2000 wedding planner operativi ma questo conteggio lascia un po' il tempo che trova in quanto una parte non definita di questi è rappresentata da "fornitori classici" di matrimoni che hanno esteso la loro offerta.

Quindi, indicativamente, il numero reale di wedding planner che svolgono questo lavoro come unica specializzazione in Italia sarà di qualche centinaia.

Allo stato attuale non c'è una grande regolamentazione in merito alle attività e ai compensi associabili a queste figure professionali, tuttavia, a seconda degli eventi il compenso che viene richiesto varia dai 500 a 5000 euro circa, con una media intorno ai 2000 euro per matrimonio.

Wedding planner e sposi, capitevi per favore

Il consiglio è quello di rivolgersi a wedding planner professionisti, che svolgono questo lavoro a tempo pieno e che hanno già organizzato matrimoni di successo tante volte.

Inoltre, un buon wedding planner, è un soggetto che ha un'ottima rete di relazioni con i vari fornitori che sono coinvolti in un matrimonio.

Tanti più eventi il wedding planner organizza, tanto più stabile, collaudata e redditizia nel lungo termine sarà la sua relazione con i fornitori.

E questo non sarà un vantaggio esclusivamente per il wedding planner. ma parimenti anche per i futuri sposi che godranno di collaborazioni professionali già ben avviate e rodate.

In più di quindici anni di lavoro sono stato a stretto contatto con wedding planner e coppie in procinto di sposarsi.

In questo libro mi sono posto come obiettivo il miglioramento della relazione tra queste figure, in modo che entrambi ne traggano vantaggi significativi.

Prima di tutto mi preme sottolineare che da anni mi occupo con passione, competenze e professionalità dell'Organizzazione di Grandi Eventi sia come consulente che come gestore in prima persona di strutture di pregio.

La tipologia di eventi che ho organizzato è di diverso tipo: feste, convegni, meeting, seminari, serate di beneficenza, festival, presentazioni di prodotti, concerti, competizioni sportive, sfilate di moda e premi letterari.

Ho fatto questo elenco per sottolineare che organizzare eventi così variegati comporta la necessità di interfacciarsi con una moltitudine di professionisti di ogni tipo: giornalisti, direttori di alberghi, interpreti, impiegati comunali, agenzie di viaggi e di personale di assistenza, società di catering e banqueting, trasportatori ecc.

Ognuno di questi interlocutori necessita di essere "gestito" in maniera diversa.

Per ognuno di essi è infatti opportuno adottare un registro comunicativo personalizzato che permetta di stabilire una sintonia per render queste relazioni realmente efficaci, evitando perciò di perdere tempo e ottenendo anche condizioni economiche buone per via della buona relazione creata.

In questi anni ho imparato come relazionarmi efficacemente pure con i cosiddetti wedding planner e capire soprattutto quali sono anche le loro esigenze e problematiche nell'erogazione del proprio servizio organizzativo.

Il wedding planner è quindi una persona che deve assolutamente avere una mentalità imprenditoriale, è titolare infatti di una propria azienda i cui clienti sono le coppie in procinto di sposarsi.

Le aziende sono costituite da diverse componenti come le risorse umane, i sistemi informativi, l'amministrazione, la logistica, la vendita, ecc.

Tutte queste componenti sono importanti da un punto di vista funzionale ma solo due di esse sono vitali senza le quali non esisterebbe un business duraturo nel tempo.

Innovare e vendere per organizzare sempre più eventi

Queste due componenti sono l'innovazione e la vendita.

In questo libro spiegherò, oltre a come trovare la migliore location, anche come aumentare:
- il numero di clienti,
- il volume di servizi/prodotti venduti
- la frequenza di acquisto dei prodotti.

Già riuscire ad aumentare uno solo di questo fattori significa incrementare sicuramente i fatturati.

Riuscire a farli aumentare in modo considerevole tutti e tre, potrebbe significare molto probabilmente diventare il leader di mercato.

Conosco imprenditori, manager e professionisti che non fanno nessuna di queste tre attività per far crescere la propria azienda.

E infatti la loro azienda, se non fallisce, è destinata unicamente a sopravvivere a malapena.

Perché questi imprenditori non provano ad aumentare il numero di clienti?

Perché non provano ad aumentare il volume dei servizi e prodotti offerti?

E perché non provano ad aumentare la frequenza di acquisto dei propri servizi?

Non ci riescono perché sono continuamente impegnati e presi dalle attività urgenti della loro azienda, come tenere i conti in ordine, gestire i fornitori, creare sistemi informativi all'avanguardia, gestire il personale, ecc. svolgendo quindi mansioni certamente importanti per l'azienda, ma non strategicamente vitali per la crescita della stessa.

Il problema più grande di questi imprenditori è che non trovano il tempo e i modi per liberarsi da questi impegni apparentemente improrogabili e quindi sono inghiottiti come in un vortice di compiti e mansioni che piovono dal cielo, riempiendo ineluttabilmente la loro giornata.

E il giorno dopo ancora così. E quello dopo ancora di più. E ancora, ancora e ancora.

Questa è la vita professionale di una moltitudine di imprenditori che conosco e, tu che mi leggi, stai capendo a cosa mi sto riferendo perché probabilmente questa pioggia inarrestabile piove anche su di te, come in passato era capitato a me.

Non aver la possibilità di reagire a questa schiavitù senza liberare le risorse temporali, energetiche ed economiche per dedicarsi alla vendita strategica e all'innovazione, credo sia veramente il più grande handicap in cui un'azienda può incorrere.

Ma Innovare che cosa significa?

Innovare significa creare un nuovo prodotto, o ancora meglio, rendere migliori i prodotti che hanno già un mercato, rendendoli più fruibili, più "maneggevoli", più efficaci, efficienti, funzionali e così via dicendo.

L'innovazione quindi dovrebbe avere come obiettivo quello di creare un prodotto o un servizio che si distingua fortemente dagli altri prodotti e servizi della stessa categoria.

Ma cosa significa tutto ciò per gli organizzatori di matrimoni?

Significa che anche loro, come qualsiasi altra azienda, devono intraprendere un percorso continuativo e programmatico d'innovazione e vendita supportati da una verità che sicuramente li rincuorerà.

Tale verità è che, oggi, in Italia non è che sia così difficile distinguersi nel mercato della organizzazione degli eventi.

Questo perché la competizione è complessivamente mediocre, dato che tutti fanno le stesse cose allo stesso modo, da anni, come muli che continuamente sbattono la testa contro il muro.

Supponiamo quindi che non sia così difficile innovare in Italia nel mercato dell'organizzazione dei matrimoni, a questo punto ciò su cui bisogna spingere è la vendita.

E vendere che cosa significa?

Che cosa significa Vendere

Vendere significa raggiungere il numero più elevato possibile di clienti, aumentare i volumi e la frequenza di acquisto.

All'interno di questo libro ti insegnerò in quali aree e in quali funzioni la tua azienda di organizzatore di matrimoni sta investendo per innovare e per vendere meglio.

Capiremo quindi che cosa stai facendo per innovare i tuoi prodotti e servizi. Che cosa stai facendo per migliorare il tuo processo di vendita e che cosa potresti fare – e che non stai facendo – che potrebbe migliorare la tua capacità di innovare e di vendere.

L'aspetto più importante che imparerai è che per ottenere il massimo dalla tua professione di organizzatore di eventi bisogna costruire prima di tutto una vera relazione col tuo cliente.

Sin dall'inizio di questo libro ho sottolineato quanto sia

importante che un organizzatore di eventi, per essere un grande venditore, deve essere prima di tutto un grande consulente.

Ora, questo concetto ritorna nuovamente perché è cruciale assimilarlo, dato che ciò consente di creare una relazione tra organizzatore e sposo in cui entrambe le parti sono soddisfatte.

Vendere significa costruire una relazione tra le parti coinvolte e questa relazione deve basarsi sicuramente anche sulle competenze del venditore.

Il venditore deve quindi essere una persona preparata nel suo settore in grado di dare risposte professionali e puntuali alle varie problematiche che il cliente paleserà.

Il venditore, oltre a conoscere il proprio settore, dovrà poi conoscere il proprio cliente.

Dovrà sapere in quale ambiente vive, chi sono e cosa fanno le persone a lui più vicine e che possono eventualmente influenzare le sue scelte, quali sono le sue abitudini, le sue passioni e soprattutto le sue preoccupazioni più grandi.

Creare una relazione significa conoscere.

Per conoscere bisogna studiare e ascoltare.

Una volta creata una vera relazione, allora di sovente capita che la vendita resta un atto secondario, spontaneo e pressoché automatico.

La fase preparatoria alla vendita è quindi rappresentata dalle attività che servono per instaurare una relazione col proprio cliente: a queste attività propedeutiche alla vendita viene dato il nome di Marketing.

Ecco quindi perché solitamente si dice che il marketing sia quella disciplina che serve per render superflua la vendita!

Organizzatori felici per sposi felici

Tanto più si instaura un'ottima relazione tra organizzatore e sposi, tanto prima si concluderà la vendita con entrambi gli interlocutori felici e tanto meglio sarà organizzato e gestito l'evento nuziale.

Per questo motivo ho strutturato il presente libro parlando contemporaneamente a due profili diversi: le coppie in procinto di sposarsi e gli organizzatori di matrimoni.

Sembrerebbe un esercizio comunicativo improprio ma secondo me non lo è assolutamente.

Se un organizzatore è in grado di innovare, i clienti finali, quindi gli sposi, sono i primi a godere di questa differenziazione di mercato che s'innesca, godendo di benefici unici che il servizio di quell'organizzatore/innovatore consente di avere.

Se un organizzatore è in grado di vendere bene, allora è in grado di erogare buone consulenze.

In questo modo sarà quindi il cliente stesso a fruire di queste consulenze, ricevendo infatti informazioni preziose per pianificare al meglio il proprio evento nuziale.

Inoltre se un organizzatore sa vendere bene, allora significa che ha tanti clienti.

Avere tanti clienti significa avere tante esperienze, tanti contatti con diversi fornitori, tanti casi studio e, supponendo che alla base dell'operato di tali professionisti ci sia prima di tutto una condotta etica e professionale – tutto ciò amplifica e fortifica i livelli prestazionali dei servizi erogati verso i clienti.

Saranno quindi gli sposi stessi a godere della competitività alta dei servizi offerti dagli organizzatori di eventi nuziali.

Per tali motivi, grazie alla consultazione del presente libro che racchiude la mia pluriennale esperienza di successo nell'organizzazione di matrimoni, il wedding planner imparerà come meglio gestire la propria attività.

Ovviamente, come già detto all'inizio di questo capitolo, ci sono organizzatori che sono dei professionisti ottimi e troveranno alcune indicazioni in questo libro per loro superflue.

Tuttavia, credo che l'approccio bidirezionale che sto usando nella stesura del libro, indirizzandomi sia agli sposi che agli organizzatori di matrimoni, può fornire a ogni tipologia di organizzatore una visione nuova e comunque utile.

D'altro canto, lo sposo, leggendo anche queste informazioni rivolte all'organizzatore, imparerà come riconoscere i migliori organizzatori, che – per quanto poc'anzi esposto – sono proprio quelli che liberano le maggiori risorse per l'innovazione e la vendita.

Dato che l'autore di questo libro si chiama Davide Mecozzi, ossia me medesimo che in questo momento sto scrivendo proprio il presente libro, e che per lavoro erogo servizi sia agli sposi che agli organizzatori e gestori di location, trovo quindi logico e attendibile incanalare questo libro su un percorso a due binari distinti ma paralleli, dove entrambi i vagoni che viaggiano sui binari, arriveranno insieme alla fine, ma viaggiando a fianco andranno più veloci e felici che mai :)

Se sei un organizzatore, in questo libro, imparerai anche come creare una empatia con il cliente, aiutandolo a raggiungere i propri obiettivi in relazione all'evento in cui entrambi partecipate con ruoli diversi, sinergici e complementari.

L'empatia tra sposi e organizzatori

Che cos'è l'empatia?

Tornando sempre a Wikipedia:
"L'empatia è la capacità di comprendere a pieno lo stato d'animo altrui, sia che si tratti di gioia, che di dolore. Empatia significa "sentire

dentro", ad esempio "mettersi nei panni dell'altro", ed è una capacità che fa parte dell'esperienza umana ed animale."

Applicare questo concetto (cioè l'empatia) a una relazione tra wedding planner e futuri sposi, significa che i professionisti dell'organizzazione di eventi devono comprendere le emozioni delle persone che si stanno apprestando a coronare uno dei giorni più belli della loro vita, in un percorso fatto di mille voci spesso contrastanti, spesso familiari (e queste ultime di sovente non si riescono a zittire manco se...).

Esercitare la comprensione in un contesto così disarmonico, imminente e irreversibile (tra pochi giorni si sposano e poi l'evento finisce per sempre!) da un punto puramente psicologico, è realmente molto complicato.

Infatti, solitamente, chi si affida a un professionista per organizzare un evento, si pone principalmente una domanda, spesso a livello subliminale e cioè se il professionista sia in linea con la propria idea di concepire la vita, i ritmi, gli ostacoli e le acclamazioni.

Quindi l'organizzatore, oltre a entrare in sintonia con le aspirazioni e i problemi del proprio cliente, deve assolutamente farsi capire, parlando un linguaggio comprensibile e assolutamente in sintonia con il background culturale, sociale e ideologico dell'interlocutore.

Farsi capire non è facile.

A volte crediamo di essere capiti, ma solitamente ciò non accade.

Dopo aver ascoltato migliaia di sposi, nel mio lavoro ho imparato una regola fondamentale.

La regola è questa: quando credo di essermi spiegato bene ma forse un aspetto, per qualche motivo arcano, potrebbe non esser compreso al meglio, allora la verità è che il mio interlocutore non ha capito proprio un bel niente.

E questa verità è inconfutabile ed è così che funziona la comunicazione.

Quando non ci si capisce, la colpa è sempre di chi comunica e mai di chi ascolta. E quando sembra che ci sia solo un dettaglio che non è passato, allora è troppo tardi perché ciò che non è passato è il "blocco informativo" e non il dettaglio.

Per evitare di cadere nella incomprensione, ciò che solitamente faccio è porre continuativamente domande ai miei interlocutori per capire se il messaggio sia arrivato, per capire se sono stato troppo complicato, per avere conferma che ciò che avevo intenzione di comunicare sia passato "dall'altra parte", nella sua interezza e non a frammenti.

In questo libro, se sei un wedding planner, imparerai quindi l'importanza di questi aspetti, ossia di farsi capire nel modo giusto per chiudere la vendita.

Se sei invece un futuro sposo, grazie a queste conoscenze capirai quanto sia fondamentale ricevere le informazioni da un organizzatore di eventi nuziali in modo comprensibile e corretto.

Vendere è quindi educare.

Vendere è fare una operazione in cui risultano vincenti tutte le parti coinvolte.

Vendere è relazionarsi in maniera empatica.

Vendere è soddisfare un bisogno.

In relazione a questo ultimo punto, devi sapere che il cliente, ossia il futuro sposo, sa sempre ciò che vuole ma nella maggior parte dei casi non te lo comunica in toto o in parte.

Il tuo compito, se sei un organizzatore di matrimoni, è quindi quello di portare in superficie questo bisogno primario, smascherando in modo collaborativo l'informazione più importante per chiudere la tua vendita e per soddisfare realmente le esigenze del cliente.

Un organizzatore di eventi "mediocre" quando non riesce a concludere una vendita, solitamente se la prende con il cliente che non è riuscito a comprendere i vantaggi della propria proposta, ma, in questo libro, impareremo una comunicazione comprensibile è nostra responsabilità.

A volte il cliente è semplicemente confuso e chi e è confuso non compra mai.

A volte pare che non pretenda nulla, ma, dalla mia esperienza, non esistono volontà così remissive in prossimità di un giorno epocale come il matrimonio.

A volte il cliente pare che sappia alla perfezione cosa vuole, per filo e per segno, dall'alto in basso, dagli Appennini alle Ande :-)

Quest'ultima tipologia di clienti è la mia preferita perché va indirizzata con grande cura verso strade alternative in cui i clienti si faranno meno male, dato che partono con castelli ideologici costruiti su tanti mattoncini che sono puri preconcetti.

Non esistono perciò clienti "facili".

Esistono clienti che sono persone, una diversa dall'altra.

Ognuna con diverse problematiche e aspettative, ognuna da ascoltare con grande attenzione e umiltà.

In ognuno di questi casi, il compito del professionista di eventi è quello di capire di cosa realmente hanno bisogno questi clienti e di come poi soddisfare il bisogno stesso.

In questo libro imparerai come scoprire quali sono i bisogni del cliente e quali sono i suoi valori.

Imparai a capire inoltre qual è la posizione che i principali valori del cliente ha nella sua vita.

Conoscere quest'ordine di valori è fondamentale per sviluppare la giusta comunicazione col cliente, quella che porta a una vendita in cui entrambi le parte sono soddisfatte.

Infatti le persone comprano in base alle loro ragioni e non in base a quelle che il venditore gli mostra.

Alle persone piace acquistare ma non gli piace che gli si venda qualcosa.

Il processo di vendita deve essere quindi "fisiologico", andando a soddisfare in maniera naturale le esigenze principali del cliente in modo preciso, elegante e senza forzature.

Ma adesso stacchiamo qualche minuto da tutte queste lezioni su "cosa fare" e soprattutto "come fare", perché ho bisogno di raccontarti la mia storia e svelarti il lavoro pericoloso che ho svolto per ventitré anni, prima di diventare un rinomato organizzatore di eventi....

La Mia Storia

All'inizio di questo libro, quando ti ho confidato chi sono le persone che più di ogni altra io debbo oggi ringraziare per esser arrivato al successo. Ti ho quindi raccontato del mio passato e di quando svolgevo un lavoro diverso di quello che attualmente svolgo.

Ti ho scritto che quel lavoro era pericoloso e non mi permetteva di stare con la mia famiglia come avrei voluto.

Ma non ti ho detto che tipo di lavoro svolgevo.

In questo capitolo ti racconterò brevemente la mia storia prima di diventare un organizzatore di eventi e formatore e ti svelerò quale lavoro ho svolto nella prima parte della mia vita, quella nella quale ho scoperto la meraviglia e, purtroppo, il Terrore peggiore che nasce dalla crudeltà umana.

Quel lavoro che svolsi prima di operare nel settore che mi ha permesso di essere l'autore di questo libro, nasceva da una mia passione quasi primordiale, una di quelle passioni inspiegabili che si manifestano poco dopo che hai acquisito la vista e hai iniziato a osservare il mondo che ti circonda con interesse consapevole.

Il mio sogno da bambino

Sin dall'età di quattro anni ho avuto una grande attrazione per la Polizia di Stato.

Quando vedevo sfrecciare le macchine della Polizia con la sirena accesa il mio mondo si fermava e si proiettava nella mente e nelle divise di quegli uomini coraggiosi che sfidavano il crimine per far rispettare la legge.

Quegli uomini per me erano degli eroi. Erano le mie figure di riferimento e semplicemente ciò che io avrei voluto essere.

Sin da piccolissimo mi immaginavo di essere un poliziotto. Giocavo ogni giorno con miei soldatini, con le riproduzioni miniaturizzate delle macchine della Polizia e dei poliziotti stessi. Inscenavo inseguimenti forsennati, catturavo ogni sorta di criminale, dal rapinatore di banche (era il mio preferito) al serial killer e, essendo proprio ligio al dovere, dispensavo a iosa e senza pietà anche multe per divieti di sosta ;-)

Mi immaginavo dentro una pattuglia a guidare ad alta velocità per intervenire sul posto.

Mi immaginavo con la mia divisa e già vedevo il rispetto delle persone nei miei confronti per l'importanza del ruolo sociale che avrei potuto ricoprire diventando un poliziotto.

Pare assodato che il mio sogno sin da bambino era quindi di diventare un poliziotto.

Questo desiderio non si spense nel proseguo degli anni e nemmeno si affievolì, tanto è vero che nell'adolescenza, seppur smisi di giocare coi soldatini, iniziai a programmare nella mia mente come avrei potuto seriamente diventare un poliziotto.

La felicità nella città più fredda

Non ci volle molto ad attuare il mio programma, infatti la sorte mi venne incontro e all'età di diciotto anni, esattamente nel 13 marzo del 1990, ebbi la fortuna di sostituire all'anno di militare l'ingresso in Polizia.

No. Non è successo perché lo pensavo. Questo non è un libro di illusioni, né tanto meno uno di quei libri motivazionali che raccontano storie di persone che desideravano il mondo e il mondo poi, per una forza di natura superiore, è arrivato a loro. Questo che stai leggendo è semplicemente un libro di fatti e dati oggettivi. In mezzo c'è anche la mia storia.

Onestamente non sono una fan della legge d'attrazione, cioè quella legge tanto propinata e diffusasi soprattutto con il successo planetario di libro come "The Secret" di Rhonda Byrne che in poche parole stabilisce che più una cosa la pensi e più è probabile che si realizzai.

Più che della legge d'attrazione, sono un fautore della "legge dell'azione", ossia più una cosa la fai e più è probabile che si realizzi. Tuttavia, da fresco diciottenne, dopo aver passato quasi tutta la mia vita precedente a sognare di diventare un poliziotto, ecco che il mio sogno si realizza.

Per me fu una immensa gioia.

Mi arruolai, superai le prime selezioni e fui di lì a poco inviato al Primo Corso a Campobasso, una città difficile perché nonostante sia quasi una località meridionale è probabilmente una delle città più fredde d'Italia.

Quell'esperienza fu per me estremamente formativa. Mi divertii comunque molto, superando allo stesso tempo prove molto dure e ricevendo una formazione che difficilmente in altri contesti si può avere.

La disciplina, il rispetto delle regole e dei ruoli sono dei cardini formativi del mondo militare che ho assorbito in quegli anni con grande naturalezza perché sono principi che appartengono al mio carattere, sono veri e propri postulati che rappresentano esattamente come a me piace "fare le cose".

Ho avuto dei momenti difficili e dei momenti che definirei anche esaltanti.

In ognuno di essi ho trovato nei miei colleghi delle persone spontaneamente pronte a condividere con me i momenti brutti e quelli belli. E questo, oltre ai tre principi sovrani degli insegnamenti militari poc'anzi menzionati, mi ha fatto apprendere una lezione importantissima che poi ho potuto applicare nel lavoro attuale con grande efficacia.

La nuova lezione che imparai riguarda l'importanza fondamentale delle relazioni umane che ci costruiamo nell'affrontare i problemi quotidiani.

Ho imparato in quel periodo che se ci circondiamo e frequentiamo persone che non hanno gli stessi nostri valori e che ci portano in direzioni per noi "non ottimali", molto probabilmente, anche se noi non lo vorremmo, andremmo a finire in quella direzione indesiderata.

Se invece ci circondiamo delle persone "migliori" per noi, quelle che condividono i nostri valori e che ci aiutano costruttivamente a coltivarli e a farli crescere, allora noi miglioreremo come persone e riusciremo a risolvere al meglio ogni problema che la quotidianità ci presenta e a ottenere gli obiettivi per cui stiamo lavorando.

Negli anni successivi al militare, quando incominciai a studiare come un forsennato ogni corso di miglioramento personale che mi capitasse tra le mani, lessi un libro di Jim Rohn che afferma che "Noi siamo la media delle cinque persone che frequentiamo di più".

Questo concetto è per me essenziale a comprova di quanto ho scritto nei ringraziamenti iniziali del presente libro, rivolti essenzialmente a mia moglie e ai miei figli, perché loro sono le persone che, per fortuna, frequento più di ogni altra nella mia vita.

La mia crescita come uomo e come professionista della Polizia di Stato continuava sino a quando successe un evento che sconvolse tutto.

La guerra nella città più calda

Era il 23 maggio del 1992 quando, nella strage di Capaci e per opera di Cosa Nostra il Giudice antimafia Giovanni Falcone fu assassinato con la moglie Francesca Morvillo e tre uomini della scorta: Antonio Montinaro, Rocco Di Cillo e Vito Schifani.

Io non sono uno scrittore e per questo riporto pari come Wikipedia descrive questo evento che ha cambiato la mia vita e quella di milioni di italiani.

"L'uccisione di Falcone venne decisa nel corso di alcune riunioni delle "Commissioni" regionale e provinciale di Cosa Nostra, avvenute tra il settembre-dicembre 1991, e presiedute dal boss Salvatore Riina, nelle quali vennero individuati anche altri obiettivi da colpire; nello stesso periodo, avvenne anche un'altra riunione nei pressi di Castelvetrano (a cui parteciparono Salvatore Riina, Matteo Messina Denaro, Vincenzo Sinacori, Mariano Agate, Salvatore Biondino e i fratelli Filippo e Giuseppe Graviano), in cui vennero organizzati gli attentati contro il giudice Falcone, l'allora ministro Claudio Martelli e il presentatore televisivo Maurizio Costanzo. In seguito alla sentenza della Cassazione che confermava gli ergastoli del Maxiprocesso (30 gennaio 1992), la "Commissione provinciale" di Cosa Nostra decise di dare inizio agli attentati: per queste ragioni, nel febbraio 1992 venne inviato a Roma un gruppo di fuoco, composto da mafiosi di Brancaccio e della provincia di Trapani (Giuseppe Graviano, Matteo Messina Denaro, Vincenzo Sinacori, Lorenzo Tinnirello, Cristofaro Cannella, Francesco Geraci), che avrebbero dovuto uccidere Falcone, Martelli o in alternativa Costanzo, facendo uso di Kalašnikov, fucili e revolver; qualche tempo dopo però Riina fece tornare il gruppo di fuoco perché voleva che l'attentato a Falcone fosse eseguito in Sicilia adoperando l'esplosivo.

Tra aprile e maggio Salvatore Biondino, Raffaele Ganci e Salvatore Cancemi (rispettivamente capi dei "mandamenti" di San Lorenzo, della Noce e di Porta Nuova) compirono alcuni appostamenti presso l'autostrada A29, nella zona di Capaci, per individuare un luogo adatto per la realizzazione dell'attentato e per gli appostamenti. Nello stesso periodo avvennero riunioni organizzative nei pressi di Altofonte (a cui parteciparono Giovanni Brusca, Antonino Gioè, Gioacchino La Barbera, Pietro Rampulla, Santino Di Matteo, Leoluca Bagarella), in cui avvenne il travaso in alcuni bidoni di 200 kg di esplosivo da cava procurati da Giuseppe Agrigento (mafioso di San Cipirello), che vennero poi portati nella villetta di Antonino Troia (sottocapo della Famiglia di Capaci), dove avvenne un'altra riunione (a cui parteciparono anche Raffaele Ganci, Salvatore Cancemi, Giovan Battista Ferrante, Giovanni Battaglia, Salvatore Biondino, Salvatore Biondo), nel corso della quale avvenne il travaso dell'altra parte di esplosivo (tritolo e T4) procurata da Biondino e da Giuseppe

Graviano (capo della Famiglia di Brancaccio).

...

La strage di Capaci, festeggiata dai mafiosi nel carcere dell'Ucciardone, provocò una reazione di sdegno nell'opinione pubblica. Secondo le testimonianze dei collaboratori di giustizia, l'attentato di Capaci fu eseguito per danneggiare il senatore Giulio Andreotti: infatti la strage avvenne nei giorni in cui il Parlamento era riunito in seduta comune per l'elezione del presidente della Repubblica ed Andreotti era considerato uno dei candidati più accreditati per la carica ma l'attentato orientò la scelta dei parlamentari verso Oscar Luigi Scalfaro, che venne eletto il 25 maggio, ovvero due giorni dopo la strage.

La strage di Capaci fu un attentato messo in atto da Cosa Nostra in Sicilia, il 23 maggio 1992, sull'autostrada A29, nei pressi dello svincolo di Capaci nel territorio comunale di Isola delle Femmine, a pochi chilometri da Palermo.

Nell'attentato persero la vita il magistrato antimafia Giovanni Falcone, sua moglie Francesca Morvillo, e tre agenti della scorta, Vito Schifani, Rocco Dicillo, Antonio Montinaro. Gli unici sopravvissuti furono gli agenti Paolo Capuzza, Angelo Corbo, Gaspare Cervello e l'autista giudiziario Giuseppe Costanza."

In quegli anni la mafia stava colpendo il nostro paese su più fronti, era presente in ogni regione e in svariate forme di economia. Come poliziotto ero stato informato sin dall'inizio della mia carriera dell'impatto nefasto che tale organizzazione criminosa stava avendo in modo massivo sulla società italiana e, negli anni successivi, abbiamo svolto attività di analisi, controllo e di reale lotta al fenomeno mafioso.

Tuttavia, non avrei mai immaginato – e credo anche la buona parte dei miei colleghi – che la situazione potesse degenerare in uno scenario così fragorosamente cruento.

I festeggiamenti nel carcere dell'Ucciardone da parte dei mafiosi detenuti dopo l'uccisione di Falcone, rappresentarono un dettaglio di questo evento che mi creò dentro una rabbia che tutt'oggi ogni tanto ritorna a galla, mentre magari sono in macchina da solo nel traffico di Roma o talvolta anche in qualche mio incubo notturno.

I media italiani in quel periodo non usavano la parola "guerra" ma era proprio di ciò che si stava trattando.

Infatti, come mai successo in questo secolo in ambito nazionale, lo Stato, in risposta all'attentato, decise di spiegare sul campo un quantitativo enorme di forze militari. Furono quindi inviati a Palermo un numero non noto di poliziotti, ma di sicuro questo numero fu altissimo.

Tra di questi, fui inviato anche io.

Mi ritrovai così in men che non si dica dalla freddissima Campobasso alla caldissima Palermo, una città il cui caldo non era solamente di natura metereologica.

La mia esperienza divenne subito molto pragmatica, inizia così la mia vera gavetta: quasi ogni giorno eseguivo perquisizioni e rastrellamenti. Il lavoro notturno era diventato la normalità e spesso si concludeva anche in arresti e situazioni a dir poco pericolose.

Il peggio doveva ancora arrivare

Il ricordo più forte che ho di quei giorni di lavoro ordinato ma intensivo, non è tanto il livello di rischio su cui costantemente ci muovevamo ma erano le emozioni della popolazione locale.

Le persone del posto, gli abitanti di Palermo e dei paesi limitrofi erano profondamente scossi da quanto successo e avevo capito che per loro niente era più come prima.

Dopo poche ore di permanenza capii che le vere vittime di questa guerra erano loro: gli abitanti del posto che erano stati invasi dalle forze militari dello Stato italiano e, allo stesso tempo, erano incastrati nella rete mafiosa che li costringeva da decenni al silenzio coercitivo.

Inoltre, nelle ultime settimane, i tentacoli della piovra avevano pure azionato le leve del terrorismo puro, nella sua forma più eclatante e paurosa.

I siciliani erano terrorizzata perché si aspettavano il peggio.

E il peggio, purtroppo arrivò.

Riporto di seguito come Wikipedia descrisse il nuovo evento che scosse spaventosamente il nostro paese.

Il 19 luglio 1992, alle ore 16.58, una Fiat 126 rubata contenente circa 90 chilogrammi di esplosivo del tipo Semtex-H (miscela di PETN, tritolo e T4) telecomandati a distanza, esplose in via Mariano D'Amelio 21, sotto il palazzo dove viveva la madre del giudice Paolo Borsellino, presso la quale il giudice quella domenica si era recato in visita; l'agente sopravvissuto Antonino Vullo descrisse così l'esplosione:

«Il giudice e i miei colleghi erano già scesi dalle auto, io ero rimasto alla guida, stavo facendo manovra, stavo parcheggiando l'auto che era alla testa del corteo. Non ho sentito alcun rumore, niente di sospetto, assolutamente nulla. Improvvisamente è stato l'inferno. Ho visto una grossa fiammata, ho sentito sobbalzare la blindata. L'onda d'urto mi ha sbalzato dal sedile. Non so come ho fatto a scendere dalla macchina. Attorno a me c'erano brandelli di carne umana sparsi dappertutto...».

Lo scenario descritto da personale della locale Squadra Mobile giunto sul posto parlò di «decine di auto distrutte dalle fiamme, altre che continuano a bruciare, proiettili che a causa del calore esplodono da soli, gente che urla chiedendo aiuto, nonché alcuni corpi orrendamente dilaniati».

L'esplosione causò inoltre, collateralmente, danni gravissimi agli edifici ed esercizi commerciali della via, danni che ricaddero sugli abitanti. Sul luogo della strage, pochi minuti dopo il fatto, giunse immediatamente il deputato ed ex-giudice Giuseppe Ayala che abitava nelle vicinanze.

Gli agenti di scorta ebbero a dichiarare che la via D'Amelio era considerata una strada pericolosa in quanto molto stretta, tanto che, come rivelato in una intervista rilasciata alla RAI da Antonino Caponnetto, era stato chiesto alle autorità di Palermo di vietare il parcheggio di veicoli davanti alla casa, richiesta rimasta però senza seguito.

La strage di via D'Amelio fu un attentato di stampo terroristico-mafioso avvenuto in Italia il 19 luglio 1992, in via Mariano d'Amelio a Palermo, nel quale persero la vita il magistrato italiano Paolo Borsellino e i cinque agenti di scorta Agostino Catalano, Emanuela Loi, Vincenzo Li Muli, Walter Eddie Cosina e Claudio Traina.

L'unico sopravvissuto fu l'agente Antonino Vullo, risvegliatosi in ospedale dopo l'esplosione, in gravi condizioni.

Che cosa pensai dopo questa strage?

Sicuramente che io avrei potuto essere Agostino, Emanuela, Vincenzo o Claudio, cioè uno degli agenti della scorta uccisi. Oppure, se la dea bendata mi avesse protetto, potrei esser stato Antonino, il sopravvissuto.

Ma più di ogni altro pensiero, nella mia testa iniziò a formarsi la convinzione che c'era qualcosa di veramente corrotto e con buona probabilità irreparabile, nei meccanismi che regolano il Sistema del nostro paese.

Mi stavo rendendo conto che nel nostro paese non c'era un Stato solo, ma ce n'erano due: l'altro stato si chiamava Mafia e non appariva più debole dello Stato ufficiale.

Dopo l'uccisione di Borsellino la mia attività professionale divenne ancora più intensa, frenetica e purtroppo ancor più pericolosa.

Lo Stato – quello ufficiale – si era deciso a metter fine a questa guerra con ogni mezzo perseguendo i mafiosi con tutte le forze, nei modi anche più rapidi per risolvere il conflitto.

Ovviamente molte delle azioni in cui sono stato coinvolto in quel periodo sono coperte dal segreto militare, tuttavia ciò che è rimasto nella nostra famiglia è quel senso di insicurezza e profonda preoccupazione che minavano continuamente la relazione tra me e Claudia, che negli anni successivi divenne mia moglie.

Nelle operazioni speciali in cui ero coinvolto, di sovente non conoscevo la data di ritorno. Avevamo dei compiti da fare, degli impegni da chiudere, dei risultati da raggiungere. Era questo ciò che dovevamo fare e se serviva un giorno o una settimana in più, non era un problema perché la priorità in queste operazione è esclusivamente il raggiungimento dell'obiettivo. Null'altro può sovrapporsi, rallentare o ostacolare questo percorso.

Claudia comunque era a Roma ad aspettarmi. Le sue attese sono state per entrambi dolorose e hanno messo a dura prova il nostro rapporto.

Il ritorno nella capitale

Nella mia testa iniziava quindi a crearsi un nuovo pensiero: il mio desiderio di indossare una divisa stava distruggendo tutto il resto, in primis la possibilità di creare una famiglia.

Forse il mio egoismo stava inquinando l'amore per una donna che stimo profondamente e stava facendo crollare le basi per il mio futuro migliore.

Cominciai così a pensare all'ipotesi di un piano B, un'opzione che mi desse la possibilità di realizzarmi facendo comunque qualcosa che amo e che cancellasse dalla nostra vita l'insicurezza e la paura che il mio lavoro generava.

Le coincidenze, ancora una volta, volsero comunque a mio favore perché nel giro di un paio d'anni dalla strage di Capaci, fui trasferito a Roma con un manipolo di altri colleghi di ritorno dalla missione in terra sicula.

Era bello essere tornati vicino a Claudia, ma lo stato d'insicurezza non svanì. Infatti, il mio lavoro, durante questa nuova fase professionale, si svolgeva prevalentemente nei quartieri più disagiati della capitale a stretto contatto con la criminalità periferica della città più popolata d'Italia.

Gli anni passati a lavorare a Roma furono la mia vera scuola di vita. La forza esplosiva della esperienza precedente in Sicilia è stata ben poco, da un punto di vista della mia crescita personale, in confronto a ciò che ho imparato lavorando nella capitale, in condizioni sempre difficili, spesso al limite e in un contesto in cui le relazioni sociali con il crimine si sviluppavano in un piano completamente nuovo e che ha sovvertito il mio modo di vedere il mondo.

Posso riassumere con due lezioni principali ciò che ho imparato in questi anni di lavoro a Roma.

La prima lezione è stata imparare a percepire consapevolmente e con un preavviso sufficiente il pericolo reale.

La seconda lezione è stata imparare a individuare il reale colore che suddivide il bene dal male.

Capii inoltre che la nostra vita, in base alle esperienze che avevo già avuto, deve essere una palestra in cui continuamente le nostre convinzioni devono essere messe in discussione, cercando sempre di migliorarsi, senza sosta e indugi, in un percorso che non deve avere mai fine.

Lo scopo della vita è quindi quello di migliorarsi continuamente senza avere paura del cambiamento.

La parola chiave, ossia la parola che apre per l'appunto le porte dell'evoluzione, è proprio: "cambiamento".

Sentivo che avevo bisogno di occuparmi di altro, anche se l'amore per il mio lavoro in Polizia è stato per me viscerale.

Inoltre, non ero affatto attratto dalla crescita lavorativa in Polizia in settori che inevitabilmente erano sempre più amministrativi e meno operativi.

Dovevo quindi cambiare... ma cosa avrei potuto fare per riuscirci positivamente?

Sin da bambino volevo fare il poliziotto e tutta la mia vita è andata in questa direzione. Ho solo fatto questo e – teoricamente – null'altro sapevo fare.

Ma non era vero che non sapevo fare altro, perché la mia esperienza mi ha permesso di conoscere tanti aspetti della vita che la maggior parte delle persone ignora.

Ho iniziato quindi a fare una ricerca dentro di me per capire come potessi trasferire queste conoscenze all'esterno, cercando allo stesso tempo di fare qualcosa che mi appassionasse e costruendoci intorno un nuovo lavoro che permettesse alla mia famiglia di viver bene e serenamente.

Ho sempre avuto una buona capacità di comunicare con le persone, anche in condizioni estreme come quando, semplicemente parlando, ho risolto innumerevoli situazioni delicate con criminali di ogni genere. Ho quindi affinato nel tempo le mie capacità persuasive.

Ho da sempre avuto interesse per il marketing, perché mi è stato sempre chiaro che il marketing è lo strumento più potente che esista per creare business vincenti.

Per capire come mettere insieme questi pezzi di un mosaico che era per me ancora confuso, ho cominciato a studiare come un pazzo i migliori libri e corsi sul marketing, comunicazione e creazione di business.

L'esigenza inarrestabile del cambiamento

Dopo alcuni mesi di studio e di analisi era sempre più chiara dentro di me la figura che avrei potuto ricoprire. Tuttavia non mi bastava la formazione che stavo assorbendo tramite i canali "passivi" come libri e corsi online, avevo bisogno di conoscere i mentori che stavo seguendo e che erano i migliori al mondo nel loro settore.

Per questo iniziai a frequentare i migliori corsi dal vivo, quelli tenuti dai numeri uno al mondo nel settore della formazione sul miglioramento personale, spostandomi in tutta Europa e formandomi in particolare sulle metodologie di vendita più avanzate.

Più imparavo nuove cose da autodidatta seguendo questi corsi avanzati, più dentro di me nasceva un senso di profondo disagio.

Lo stesso Stato che avrebbe dovuto con le sue scuole classiche fornire almeno una parte dell'istruzione che stavo ricevendo da altre fonti, non mi hai mai dato indicazioni su come migliorare personalmente e come poter creare una situazione in cui render felice e serena la mia famiglia.

Lo stesso Stato che dovrebbe garantire la sicurezza dei cittadini, comunque è invischiato in situazioni da cui emerge la torbidezza e la connivenza con associazioni criminose.

Lo stesso Stato che comunque per tanti anni mi ha dato lavoro, il lavoro che ho sempre amato, è lo Stato che ringrazierò sempre ma che, dopo ventitré anni di divisa e pistola purtroppo usata in diversi conflitti a fuoco, non mi dà più la fiducia necessaria per realizzare il mio progetto.

Capii perciò, dopo ventitré duri e lunghi anni, che il mio progetto non era in Polizia ma... altrove.

Mia figlia Sara stava per nascere e quindi una mia nuova storia stava per essere scritta. Avevo bisogno di dare serenità alla mia famiglia e di supportarne lo sviluppo con una forza economica solida e che avevo intenzione di far crescere con il mio progetto.

Nel momento in cui sto scrivendo questo libro sono passati più di dieci anni da quando decisi di abbandonare la Polizia di Stato che non posso far altro che ringraziare per tutto ciò che mi ha dato in questa incredibile esperienza professionale e di vita.

Ringrazio la Polizia di Stato perché mi ha dato la possibilità di costruire una famiglia e di comprare la mia prima casa.

Ringrazio la Polizia di Stato perché mi ha costruito come persona dandomi la capacità di capire rapidamente le persone con cui mi relaziono. Questo aspetto per me oggi è importantissimo perché mi permette in pochissimo tempo di capire "con chi ho a che fare", capendo cosa questa persona vuol ottenere dalla sua vita e qual è la strada che intende intraprendere.

E quando nel business sei in grado rapidamente di comprendere "con chi hai a che fare", eviti a priori di continuare la relazione se capisci che non è la persona adatta oppure, puoi usare una comunicazione che si basa sui bisogni di questa persona. Tutto ciò ti permetterà quindi di ottenere il massimo dal tuo progetto, senza sprecare tempo e soldi.

La formazione è la regina del cambiamento

Quando la formazione aggiuntiva sul miglioramento personale (quella che ho comprato coi soldi) si è aggiunta alla formazione che la vita mi ha dato (quella che ho comprato con l'anima), sono riuscito a tirar fuori da dentro di me le potenti consapevolezze che credo tutti noi abbiamo, ma che solitamente sono nascoste e non usiamo.

Anche se nel momento in cui avevo lasciato il lavoro da dipendente nelle mani non avevo ancora niente, ciò che più contava è che avevo tutto nella testa.

Non è stata la legge d'attrazione a illuminarmi :-) ma è stata semplicemente la consapevolezza di conoscere la strada che avrei percorso per ottenere ciò che avrei voluto.

Formarsi in modo vincente significa acquisire non solo "consapevolezza generica", ma è fondamentale acquisire strategie ambiziose e allo stesso tempo fattivamente perseguibili, metodologie che puntano in alto e che in contemporanea siano concretamente realizzabili, in tempi pure relativamente rapidi.

In quella fase, quando ho lasciato il lavoro, non ero proprietario di alcun business ma avevo tutte le strategie necessarie per realizzarlo di lì a breve. Le stesse strategie che avevo imparato nei corsi e che le avevo già mentalmente forgiate in base alla mia esperienza di vita pregressa.

Ero quindi consapevole che avrei potuto avviare una nuova avventura lavorativa basata sulle mie conoscenze e sulla mia volontà di eseguire operativamente un piano di lungo termine, di grande sacrificio e abnegazione, che erano aspetti che a me non destavano minimamente preoccupazione.

Sfruttando le conoscenze che avevo acquisito con i corsi di vendita e di ottimizzazione dei business, iniziai la mia nuova professione erogando consulenze per gli alberghi a cinque stelle i cui proprietari erano miei amici o conoscenti.

Ho puntato subito su servizi di alto livello ma partendo da conoscenze che già avevo, affrontando queste prime esperienze come una forma di tirocinio senza pretendere chissà cosa dai miei clienti/amici.

Sorprendentemente, i risultati non tardarono ad arrivare. La sorpresa era dei miei clienti/amici che sapevano che io per le prime volte eseguivo queste consulenze ma in verità era anche mia perché credevo in ciò che facevo, ma non pensavo che portasse a dei risultati così rapidi.

Le 6 migliorie che generavo

Le metodologie passo passo che consigliavo ai miei clienti, dopo aver fatto un'accurata analisi del loro business, consentivano nel breve termine di fare loro ottenere le seguenti sei migliorie:
1. riduzione dei costi di gestioni a parità dei servizi erogati;
2. ottimizzazione delle procedure di delega e replica di compiti routinari;
3. miglioramento sostanziale della produttività degli impiegati, a parità di risorse usate, e dello stress lavorativo prodotto;

4. formalizzazione dei processi di erogazione del servizio, in modo da migliorarne le performance;
5. aumento sostanziale delle vendite tramite l'inserimento di nuovi sistemi di lead generation e consolidamento e miglioramento dei soli sistemi di acquisizione clienti che già funzionavano;
6. sviluppo di una nuova "comunicazione" di vendita incentrata sull'aumento della frequenza dei nuovi acquisti dagli acquirenti ordinari e volta all'aumento delle percentuali di conversione su acquirenti sia nuovi che vecchi.

Vedendo quindi che, albergatore dopo albergatore, la fiducia che ricevevo da chi usufruiva dai miei servizi era sempre maggiore - così come la mia capacità di farmi ricompensare da un punto di vista economico in modo, per me, sempre più equo – decisi allora che dovevo assolutamente specializzarmi.

Nel giro di poche settimane, seguii i cinque più importanti corsi che si tenevano in Europa in quel periodo per la gestione di eventi. Studiai a fondo queste metodologie innovative estrapolando da esse le sole parti che potevano essere perfettamente localizzabili per il mercato italiano. Mi creai così in un paio di mesi di lavoro un mio framework (una struttura organizzata di istruzioni operative) per definire come dovevano essere organizzati eventi in modo efficace in particolare nella città di Roma.

Per ottimizzare i miei sforzi in un unico canale, per render più replicabili i risultati quindi affidabile il servizio che erogavo, iniziai così a pensare che sarebbe stato opportuno diventare il general manager assoluto di una location prestigiosa che avrei potuto gestire in tutte le sue funzioni di accoglienza.

Avevo intuito che il solo modo per erogare un servizio organizzativo eccellente era quello di aver il controllo totale della location in cui l'evento è organizzato. Affidarsi ogni volta a strutture diverse comporta ogni volta un cambiamento delle condizioni al contorno che non sono mai interamente prevedibili e possono dar adito a spiacevoli imprevisti.

Organizzare invece eventi diversi nella stessa location permette di replicare ogni volta una procedura già collaudata e il mio obiettivo è stato quello di render tale procedura sempre migliore ogni volta.

La ricerca della perfezione è un processo senza fine ma è su quel processo che avevo deciso che avrei lavorato.

L'acquisto della location prestigiosa

Ho quindi proceduto, senza tanti tentennamenti, ad acquistare la gestione di una prestigiosa location a Roma chiamata "Centro Congressi La Collinetta Eventi".

So che ti stai chiedendo ora ma come ho fatto in quattro e quattr'otto a intraprendere questa importante operazione su una location di questo tipo, quando sino a poco prima ero semplicemente un un poliziotto...

Non mi piace che in questo libro rimangano risposte inevase, mi piace che rimanga una serie di insegnamenti e una storia che sia utile veramente sia per le coppie in procinto di sposarsi, sia per i wedding planner/organizzatori di eventi/gestori di location.

Rispondo perciò al quesito cruciale per gli imprenditori che stanno leggendo il presente libro e che vorrebbero replicare le strategie al cui interno espongo, ossia come ho trovato i soldi per garantirmi la possibilità di mettere le mani sul "Centro Congressi La Collinetta Eventi".

Come avevo già scritto poc'anzi, sin dall'inizio della mia attività come consulente, non ho richiesto chissà quali somme ai miei clienti. Tuttavia ciò che facevo era fondamentalmente prendere aziende in seria difficoltà e, grazie essenzialmente alle mie strategie di marketing, vendita e "ottimizzazione" del business che andavano a generare le sei migliorie che ho già elencato poche righe fa, le rilanciavo nel mercato.
Spesso questo rilancio era dirompente.

Non è stato facile come sembrerebbe leggendomi. Infatti,

apprendere le strategie che applicavo mi è costato anni di studio, decine di migliaia di euro di costi in corsi avanzati di ogni tipo, una vita di prove durissime per diventare un interlocutore credibile e persuasivo.

Tuttavia, nel mercato italiano che in genere è molto indietro in particolare nelle strategie più avanzate di marketing, nel momento in cui vai ad affrontare una concorrenza che usa ancora i metodi arcaici per raggranellare clienti e sviluppare aziende, quando usi le strategie "giuste", fare la differenza è più semplice di quanto si immagini.

Ecco quindi che, nel momento in cui le aziende che prima del mio intervento brancolavano e dopo prosperavano, ho potuto richiedere una ricompensa economica correttamente proporzionale al business che avevo innescato o riacceso.

Anche la prima volta che misi piede al "Centro Congressi la Collinetta Eventi", mi presentai come un consulente che aveva tante idee su come rendere questo magnifico posto, in quel periodo sfruttato al minimo, in una location tra le più richieste della capitale.

Per tre anni lavorai alla Collinetta su ogni dettaglio per renderla una macchina perfetta per gli eventi e in particolare per i matrimoni, rilanciandola nettamente nel mercato e dandogli quell'anima necessaria per diventare leader nel settore.

Il mio lavoro alla Collinetta è stato talmente "trasformativo" che trovai così l'accordo economico ed operativo con la proprietà di diventare l'assoluto general manager.

Ecco quindi svelatoti come sono diventato oggi il general manager di questa magnifica location. Ma "nulla è per sempre" :-) e quindi, se magari stai leggendo questo libro tra x anni, potrebbe succedere che sia il general manager di altre location, oppure rimanga tutto così com'è, oppure sarò un formatore che gira il mondo... ma questo è proprio il bello della vita: nel momento in cui ne scriviamo una parte, il prosieguo non potremmo mai prevederlo per incastrarlo in modo pertinente con ciò che è stato già scritto.

Qualità e Eccellenza: due cose diverse

Da circa dieci anni sono quindi il general manager di una delle più prestigiose location di Roma, principalmente dedicata alla organizzazione di matrimoni, ma più che ai numeri, che comunque sono importantissimi, con il mio staff, abbiamo posto la massima attenzione alla qualità.

Ogni volta che comunico questo ultimo concetto al mio staff, non parlo mai di qualità ma parlo esclusivamente di eccellenza. Infatti, qualità ed eccellenza, sono due concetti ben diversi che necessitano energie e risorse diverse per essere soddisfatti.

Eccellere significa organizzare eventi indimenticabili dove ogni dettaglio è curato al meglio e dove ci si avvicina notevolmente alla perfezione.

Per eccellere è quindi necessario fare in modo, come già detto poc'anzi, che le procedure di lavoro siano di evento in evento migliorate e che ci sia continua innovazione, sia dei processi organizzativi che dei processi di vendita e marketing.

Infatti più si vende, più clienti si hanno e più esperienza si accumula per puntare davvero all'eccellenza.

Quando sui libri si leggono storie di successo che sono descritte in poche pagine, sembra che alla base ci sia come un evento miracoloso che abbia permesso di realizzare il tutto.

Non vorrei che da queste pagine che stai leggendo emerga anche nel mio caso questa falsa illusione. Per esser diventato il riferimento nel mio settore, partendo da una carriera ultraventennale come poliziotto, ciò che ho fatto è stato studiare giorno e notte per anni e lavorare dodici ore al giorno con lo spirito descritto sommariamente in questo libro.

In questa vita nessuno ci regala niente e questa legge ho scoperto vale anche per me.

Il messaggio che ci terrei passasse in questo capitolo è che solo grazie a una grande convinzione, armonia familiare e a un duro lavoro di studio e applicazione sono riuscito a ottenere il successo professionale e personale.

Non ci sono formule magiche e vie intermedie, da quanto ne so io, c'è solo una via per riuscire ed è la "via del fare".

Questa "via del fare" deve però essere preferenzialmente dettata da un mentore, da una guida che ti permetta di raggiungere il successo prima possibile e nel miglior modo possibile. Questa guida, per esser attendibile, deve aver già raggiunto almeno cento volte l'entità del successo che intendi avere.

Solo affidandoti agli insegnamenti dei numeri uno puoi ottenere il miglior percorso da seguire e questo è stato uno dei capisaldi della mia vita.

L'importanza di avere un mentore

Circa venticinque anni fa, col mio lavoro da poliziotto, ho avuto la fortuna di conoscere una persona straordinaria che è stato il mio mentore. In quegli anni ero coinvolto in indagini particolari per le quali dovevo giocoforza partecipare ad incontri di altissimo livello, sia ti tipo governativo che aziendale.

Per motivi di patti di segretezza professionalmente sanciti e legati quindi indissolubilmente al mio lavoro passato, non posso pubblicare in questo libro le coordinate di questi incontri e i nomi coinvolti.

Ciò che però posso serenamente confessarti che in uno di questi incontri "altolocati" conobbi un personaggio che ha cambiato la visione della mia vita, dandomi la reale percezione che a ogni essere umano potenzialmente è concessa una seconda chance. Questo personaggio è mio mentore, per l'appunto.

Il mio mentore mi ha insegnato che questa seconda chance va riesumata dal buio della nostra consapevolezza e trasformata in una precisa serie di azioni che devono essere messe in atto.

Questa persona, di cui non posso fare il nome per le ragioni di segretezza militare poc'anzi esposte, ha un enorme spessore culturale e, non so per quale motivo, vide subito in me delle grosse potenzialità. Fu proprio lui che letteralmente aprii la mia testa e iniziò a farla spaziare a trecentosessanta gradi verso le opportunità enormi che il mondo attuale può dispensarci.

Ciò che tra tante cose mi ha insegnato è che, a differenza di quello che i media ci vogliono far credere, viviamo in un'epoca di pura abbondanza. La quantità di soldi in giro è enorme e basterebbe da sola per render felice ogni essere umano.

Le possibilità di creare business di successo sono consentite a chiunque e le barriere d'accesso a tali possibilità sono meno insuperabili di quanto sembri.

Il modo più rapido – e più giusto – per superare queste barriere è fornire del vero valore attraverso servizi o prodotti che risolvano dei problemi comuni meglio di altri servizi e prodotti analoghi sul mercato.

Vivere, e soprattutto lavorare nel mio settore, a Palermo subito dopo l'attentato a Falcone e mentre ci fu l'attentato a Borsellino, sicuramente è stata un'esperienza destabilizzante.

Ti destabilizza perché la notte ti trovi solo, in una città che non è la tua ma è palesemente in mano ad altri soggetti che magari ti vorrebbero morto, mentre la tua famiglia è lontana e sai che i tuoi cari sono profondamente preoccupati per te. I tuoi cari sono a Roma che ti aspettano ma tu non sei certo di dargli una data precisa di quando li potrai riabbracciare.

Non puoi fare loro promesse. Ti senti perciò in colpa. Pensi forse erroneamente che sei egoista e che stai facendo addirittura del male alla tua famiglia anziché prenderti cura di essa rendendola serena.

Fare perquisizioni in piena notte, gestire posti di controllo in fasi di grande tensione, rastrellare intere zone con mezzi "invasivi" erano alcune attività che hanno lasciato dentro di me un segno indelebile.

Questo segno stava per diventare una ferita vera e propria che non so se sarebbe mai guarita se non fosse stato per il mio mentore. Per ciò che ogni volta mi ha detto per rassicurarmi che tutto sarebbe passato, che ogni operazione era semplicemente il mio lavoro e che in tutto questo c'era un senso che andava oltre.

Bisognava guardare lontano per superare gli ostacoli giornalieri; solo pensando che stavo seminando dei semi per raccogliere i frutti a lungo termine avrei potuto superare quelle sfide impervie come se fossero eventi "usa e getta".

Questo mentore, che ha ricoperto ruoli importantissimi anche a livello internazionale nel settore dell'aviazione, essendo un imprenditore seriale di estremo successo, si occupa oggi anche del mondo del turismo e della organizzazione degli eventi.

Ed è per me un'enorme soddisfazione, non tanto come sentimento egocentrico ma come scoprire una ruota che gira seguendo un principio meritocratico, vedere il mio mentore, a distanza di più di venti anni mi chiede una consulenza su come ottimizzare un business nell'organizzazione degli eventi.

La mia settima marcia

Vorrei chiudere questo capitolo in cui ti ho raccontato la mia storia dicendoti che io non mi sento di aver nulla in più rispetto ad altri che operano nel mio settore, ma che ottengono risultati non confrontabili con quelli che da anni produco.

L'unica cosa in più che credo di avere è stata l'intuizione di aver creduto in me stesso e in ciò che sarei diventato nel momento in cui mi sarei formato al meglio.

La mia famiglia mi ha aiutato molto in questo processo, senza ostacolare le mie scelte ma, anzi, avvallandole e anche il mio mentore ha avuto un ruolo meno presente ma strategicamente fondamentale.

Non puoi ottenere alcun successo nella vita da solo. Nessun imprenditore di successo ha mai creato business floridi da solo. Abbiamo tutti bisogno di familiari che credono nei nostri progetti, di partner che ci diano consigli, di collaboratori specialisti, di specialisti cui delegare le attività in cui noi imprenditori non diamo reale contributo migliorativo.

Se vuoi avere successo, investire in cultura mirata al successo è oggi una scelta obbligatoria perché il mondo cambia a una velocità impressionante, l'economia cambia regole dall'oggi al domani, gli stati e le associazioni di stati sovvertono i loro governi, le monete scompaiono e ne appaiono di nuove in formati inusuali, ecc.

Questo mutamento strutturale e irrefrenabile necessita un continuo aggiornamento. Oggi stare al passo coi tempi non è più come venti anni fa, ma significa veramente studiare le dinamiche con cui i tempi si evolvono andando a sviscerare le tematiche che realmente impattano nei tuoi processi che ti permettono di ottenere i risultati per cui stai lavorando.

In questo modo le banche potranno sgretolarsi e le multinazionali chiudere ma la tua cultura, le tue conoscenze non subiranno variazioni e potrai spostarle dove vorrai, in settori diversi, ottenendo quindi risultati anche in altri campi.

Non intendo quindi asserire che devi impossessarti dello scibile umano, ma se vuoi diventare un wedding planner di successo, o un acclamato organizzatore di eventi o un ricercatissimo general manager di location, devi conoscere più di ogni altro il tuo settore e i processi che permettono al tuo settore di evolversi, mantenendoti sempre aggiornato sui cambiamenti che questi processi subiscono.

Se sei una persona che sta per sposarsi, dalla mia storia probabilmente ti sarà utile apprendere quanto la famiglia sia la priorità senza però sminuire quelle che potrebbero essere le ambizioni professionali dei singoli. L'importante, nella famiglia come nel business, è comunicare correttamente le ambizioni e soprattutto i bisogni. Perché sono proprio i bisogni che creano opportunità di business e sono proprio i bisogni incompresi che rovinano le famiglie.

Ma ora sto andando fuori dai binari vestendo un ruolo che non mi si addice, ovvero quello del consulente matrimoniale che è ben diverso dal consulente per l'organizzazione del matrimonio.

Se fai parte di una coppia in procinto di sposarsi e non sai quale location scegliere, cerca di capire se l'interlocutore con cui ti stai interfacciando stia puntando sulla qualità o sull'eccellenza.

Cerca di comprendere qual è l'attenzione al dettaglio che mette nelle sue spiegazioni, come sono elencate le attività che verranno svolte durante l'evento nuziale, come saranno pianificate nel cronoprogramma dell'evento, quali saranno le risorse umane e strumentali impiegate e come verranno usate.

Se dalle risposte che riceverai, percepirai del pressapochismo, superficialità o "non serve avere queste informazioni dettagliate, vedrai che andrà tutto bene!", allora il mio consiglio è di evitare questi pseduo-professionisti e di rivolgerti altrove.

Se sei un organizzatore di matrimoni che aspira a grandi traguardi, come ad esempio diventare general manager di una location come io stesso ho fatto, non pensare che ciò sia impossibile. Anzi, potrebbe essere più semplice di quanto immagini, applicando la stessa strategia che io stesso ho usato.

Scegli una location su cui riversare le tue energie, in accordo ovviamente col proprietario con cui dovresti instaurare sin da subito un rapporto di grande fiducia reciproca, e lavora per migliorarla come se fosse la tua.

Vedrai poi, senza che sia la legge d'attrazione a realizzare ciò, che le probabilità che tu possa diventare, dopo centinaia di eventi organizzati al top, il general manager di questa location, possono essere molto più alte di quanto immagini.

Introduzione ai requisiti essenziali di una location

Nel farti i miei più sinceri auguri nel convolare a nozze con la persona che ami, cercherò di aiutarti nel scegliere la location più adatta al tuo matrimonio, non perdendo mai di vista i *fondamentali* per ottenere una giornata indimenticabile e di grande successo.

Questo libro ti accompagnerà alla scoperta di tutto quello che dovrai sapere per poter individuare davvero il posto migliore dove realizzare il tuo evento da sogno.

Le indicazioni che di seguito riporterò sono utili anche per wedding planner e gestori di location.

Per semplicità di comunicazione, d'ora in avanti, seppur i prossimi paragrafi sono pensati anche per i professionisti del matrimonio, mi rivolgerò a te che mi leggi come se fossi la persona in procinto di sposarsi, dato che grazie a te che noi tutti professionisti del settore possiamo lavorare ;-)

Grazie alla mia esperienza ventennale nel mondo del matrimonio e dell'organizzazione di eventi, sarò in grado di svelarti con passione e professionalità i "segreti" indispensabili per non incorrere in brutte sorprese nel giorno più importante della tua vita.

Inoltre, ti fornirò gli strumenti per individuare il posto perfetto per il tuo ricevimento, rispondente alle tue esigenze e in grado di garantirti una riuscita impeccabile.

Ho pensato di mettere a tua completa disposizione il mio bagaglio di competenze e conoscenze e quello del mio staff, per accompagnarti nel tuo viaggio più bello, in modo da rendere più semplice, veloce e vincente la pianificazione del tuo giorno.

Il percorso che ho preparato parte da alcune informazioni di carattere generale che riguardano l'organizzazione della location, per poi approfondire gli aspetti più strettamente legati al ricevimento vero e proprio, analizzando i punti essenziali delle differenze tra catering e banqueting e quanto possa fare la differenza la presenza di una cucina in loco.

Ti illustrerò quanto sia importante la scelta delle portate e della sala, le tempistiche e l'orario: tutto in funzione del numero dei tuoi ospiti, delle condizioni atmosferiche o del tipo di intrattenimento e animazione che sceglierai.

Infine, mi soffermerò sui servizi di pianificazione dell'evento, svelandoti i punti di forza che ogni location per cerimonia deve soddisfare per garantirti l'evento perfetto, dedicando poi una sezione agli aspetti aggiuntivi che solo le location di prestigio offrono, ovvero servizi di qualità e comodità in grado di rendere la tua cerimonia davvero unica.

Ora non ti resta che lasciarti stuzzicare dalla curiosità e dal desiderio di realizzare al meglio il tuo sogno che, col presente aiuto concreto, certamente si realizzerà.

1. Accoglienza degli ospiti all'esterno

Nel momento in cui stai per scegliere una location per il tuo matrimonio, la prima verifica da fare riguarda il modo in cui gli ospiti saranno accolti al loro arrivo.

Le domande da porsi sono quindi: esiste un servizio di portierato e guardiania? Chi si occupa dell'accoglienza degli ospiti al loro arrivo, durante il parcheggio e della custodia della loro autovettura?

Sembrerà una cosa di poco conto, ma se ci pensi bene la prima persona che rappresenta la location che stai per scegliere, è proprio colui che si occuperà dell'assistenza degli ospiti durante il parcheggio e della sorveglianza della loro autovettura durante il tuo evento.

L'impatto iniziale con una location è fondamentale. È come quando si conosce una persona: l'idea principale che ti fai di quella persona si sviluppa nel momento in cui la conosci e probabilmente nella fase in cui gli stringi la mano.

Nel caso in cui l'idea iniziale è negativa, per cambiarla in una fase successiva, è dimostrato che sono necessarie molte più prove e esperienze di vario tipo di quanto naturalmente ci si aspetti. Nella mente delle persone è molto difficile scalfire l'idea iniziale che si crea su un servizio, è come se fosse un pregiudizio che si radica con delle radici che per estirparle serve una grande forza, che spesso non basta per cancellare il pregiudizio.

L'accoglienza dell'ospite è quindi la stretta di mano metaforica che l'ospite fa alla location. Questa stretta di mando deve essere calda e forte per fare in modo che tutto parta per il meglio e che l'idea iniziale che l'ospite si fa sulla location sia da subito spiccatamente positiva.

Diventa quindi importante garantire la massima attenzione fin dal primo momento.

I tuoi invitati faranno molta attenzione nel valutare se la loro accoglienza è stata organizzata, professionale e nello stesso tempo familiare. Al contrario rischieremo che anche alla fine di una giornata di successo, ci sia qualcuno che si ricordi quei pochi minuti dell'arrivo dove non è stato accolto nei giusti modi.

Altrettanto importante è far percepire agli invitati che la loro autovettura è in un luogo custodito e che quindi possono godersi l'evento in totale tranquillità.

Verifica quindi con l'organizzatore se questo aspetto è curato al meglio. Se ci sono le basi, chiedigli anche chi sono le persone che fanno accoglienza e in che precisa modalità è erogata.

Infine, chiedi a chi ha partecipato di recente a un matrimonio nella location che stai vagliando come si è trovato con l'accoglienza, facendoti descrivere la modalità con cui è stata svolta.

2. Location multi e mono-evento

Nel precedente paragrafo ho evidenziato quanto sia importante che l'approccio con la location sia il più positivo possibile. In questo secondo paragrafo, in maniera quasi speculare, viene evidenziata l'importanza di avere un finale dell'evento senza imprevisti.

Perché è verissimo che l'idea principale di un servizio ricevuto si fa dall'inizio, ma se il servizio si chiude, anche solo per un frangente, in malo modo, quel ricordo finale di una frazione minimale dell'evento sarà più pesante del ricordo di un fatto positivo nel mezzo dell'evento stesso.

L'ultimo ricordo può essere quello più memorabile, meglio quindi porre la massima attenzione alla gestione ottimale di questa fase importantissima della festa nuziale.

Con il presupposto che si stia preparando l'evento della vita, si ritiene che ogni cosa debba essere fatta con i giusti tempi e vivere ogni momento con la giusta serenità.

Se nella stessa location è presente una sola sala e si organizzano due eventi, uno a pranzo ed uno la sera, bisogna tener sicuramente conto che certamente troveremo degli orari ben definiti che difficilmente potranno essere mediati per esigenze di organizzazione.

Non sto di certo sostenendo che le location che effettuano un doppio evento non svolgano un servizio di qualità, ma bisogna tener presente che il momento finale dell'evento è sicuramente la parte che si vive con maggior serenità.

Infatti, in questa fase, le ansie della giornata svaniscono e rimangono solo le emozioni positive da condividere con parenti e amici. Essere tirati per la "cravatta" e invitati, con modi più o meno carini, all'uscita può rovinare quanto di buono e magico vissuto fino a quel momento.

Quando decidiamo di effettuare l'evento serale è necessario accertarsi che la struttura sia in possesso di spazi idonei a garantire anche per cause non prevedibili, aree diverse per chi sta effettuando la fine del buffet di dolci e frutta del ricevimento del pranzo, sia spazi idonei per chi invece sta arrivando e deve essere accolto per l'inizio del ricevimento serale.

È estremamente spiacevole essere interrotti bruscamente nel momento finale dell'evento dove si tirano le somme di una giornata impegnativa e piena di aspettative, o dover arrivare nella location e dover attendere in quanto ci sono ancora gli ospiti del pranzo in piena attività.

In questi primi due paragrafi abbiamo condiviso l'importanza dell'apertura e della chiusura della festa, come fasi che, seppur oggettivamente marginali rispetto a tutto il resto, sono soggettivamente determinanti sul giudizio complessivo che l'ospite avrà dell'evento.

3. L'incognita del numero di invitati

Quando si iniziano i preparativi del matrimonio, spesso la prima cosa che si fa è quella di iniziare a scrivere il numero delle persone da invitare. Bisogna perciò subito tener conto di come si regola il mondo delle location per matrimoni in riferimento al numero di persone inviate.

Il numero totale delle persone è la variabile più importante per incidenza nel costo, in quanto un numero alto di persone consente alla location di proporre un prezzo più basso potendo abbattere i costi gestionali.

D'altro canto, un numero di invitati medio basso, anche a parità di menu, comporta un prezzo per singolo ospite ben più alto.

Nel mercato troverai location che proporranno due costi differenti in accordo a come vene organizzata la cucina.

Se la location ha una cucina interna diretta dalla proprietà o data in gestione, troverai un unico prezzo basato sulla tipologia del menu concordato. Il prezzo poi dipenderà dal numero totale degli ospiti, dall'utilizzo parziale o totale della struttura e dagli accessori inclusi nell'accordo finale.

Se invece la location non ha una propria cucina ma mette a disposizione i propri spazi a uno o più catering/banqueting, provenienti dall'esterno o di propria fiducia, allora la valutazione del prezzo cambia rispetto al caso precedente.

In questa situazione, la struttura, ti richiederà il solo prezzo dell'affitto della struttura, mentre invece ti dovrete rivolgere ad un catering/banqueting di tua fiducia che si occuperà di proporti il menu che più desideri applicando le proprie tariffe.

Non è possibile dire a priori quali delle due soluzioni sia più conveniente ed efficace, perché, come puoi ben immaginare, i fattori in gioco sono molteplici.

Se ti trovassi in una soluzione in cui dover scegliere tra soluzione con catering e soluzione con cucina propria, come già abbiamo visto nel primo capitolo, potresti creare una matrice decisionale ponderale per stabilire quale tra le due soluzioni è oggettivamente la più performante.

I fattori che potresti misurare per ogni soluzione (con e senza catering) dandogli dei voti da 1 a 5, possono essere:
- il costo (più basso è, più alto è il punteggio mettendo però una soglia minima di partenza, come già descritto nel capitolo 1 nel paragrafo "matrice decisionale ponderale")
- il giudizio <u>recente</u> di ospiti (contatta conoscenti che hanno usufruito del servizio e vedi anche siti online come Tripadvisor e affini),
- l'appropriatezza del servizio alle dimensioni specifiche del tuo evento
- il menu

Alla fine, puoi in questo modo zittire anche la suocera se la pensasse diversamente da te :-) fornendole una valutazione oggettiva scaturita dal metodo matriciale poc'anzi illustrato.

4. Cucina mobile o immobile?

La location dei sogni, per fornire un servizio eccellente nella ristorazione, deve ovviamente avere una cucina propria. Una cucina "in casa" permette infatti di avere il controllo totale dei processi di creazione di piatti, della gestione ottimizzata del personale addetto, dello sviluppo di procedure che sono collaudate nel tempo e che, quindi, non devono ogni volta essere reinventate con l'adozione di servizi diversi di catering.

Diventa quindi fondamentale chiedere a chi vi sta presentando la struttura, di visitare gli spazi della cucina per verificare:
- in che modo sono strutturati (hanno una cucina piccola o grande? attrezzatura professionale o *casareccia*? com'è la pulizia della cucina?)
- quanti fuochi presenta la base di cottura (più fuochi ci sono e meglio può essere gestito un evento con tanti invitati)
- se sono dotati di forni
- se sono dotati di spazi dedicati allo sbarazzo.

Queste verifiche ti consentiranno di capire le potenzialità dell'organizzazione e valutare per dimensioni e attrezzature messe a disposizione se possono rispondere alle tue esigenze.

Molti spesso fanno confusione tra l'attività del banqueting e l'attività del catering, provo in poche righe a esporti differenza sostanziale chiedendo come al solito aiuto a Wikipedia.

"**Banqueting** è un termine di origine inglese che si riferisce all'attività di preparazione di cibi e bevande nell'organizzazione di banchetti. Indissolubilmente legato all'attività di catering che si occupa di tutte le operazioni di approvvigionamento di alimenti.

Tuttavia c'è spesso molta confusione tra questi due tipi di attività della ristorazione e il termine catering può essere usato comunemente per comprendere anche attività di banqueting o come suo sinonimo.

Questo tipo di servizio può essere svolto all'interno di sedi abituali e circoscritte, come nel caso del servizio di banqueting realizzato all'interno di hotel, centri congressi, sale per banchetti, oppure in sedi individuate di volta in volta per ospitare eventi particolari, quali spiagge, ville, palazzi, castelli o dimore storiche.''

Il **catering** indica il complesso delle operazioni di rifornimento in massa di cibi e bevande pronti che vengono effettuate da apposite organizzazioni nell'ambito di comunità, compagnie di trasporto, riunioni, cerimonie, ecc…

Inizialmente con tale attività ci si riferiva specificatamente all'approvvigionamento dei mezzi di trasporto (navi e treni), poi il termine venne esteso anche ai servizi di mense aziendali.

Importante settore della moderna ristorazione indissolubilmente legato all'attività di banqueting, il catering prevede in pratica un'attività di vendita o somministrazione del cibo in un luogo diverso da quello in cui esso viene prodotto. Gli ambiti di maggior sviluppo del catering riguardano la ristorazione sui mezzi di trasporto (marittima, ferroviaria, aerea) e la ristorazione a domicilio."

Il primo aspetto da verificare per un catering è la gestione spazio dove avverrà la ristorazione, sia che avvenga al chiuso o all'aperto. Deve essere uno spazio sufficientemente ampio per ospitare tutti i presenti e per dare ad essi la possibilità di non sgomitare per prendere le pietanze, devono avere la possibilità di sedersi e ci deve essere un ritmo di fornitura dei piatti che non crei pause evidenti tra un piatto e l'altro.

Un altro aspetto fondamentale negli spazi del catering è l'utilizzo di una illuminazione adeguata, che non sia né troppo forte né troppo scura. I piatti sono solitamente anche belli da vedere oltre che buoni da mangiare. La loro bellezza nelle tavolate deve quindi emergere in modo chiaro senza che sia limitata da una luce inadeguata.

La luce, al di là della esposizione corretta per valorizzare l'estetica del piatto, ha un ruolo primario nel rendere agevole il movimento degli ospiti negli spazi dell'evento e per fargli vivere un'esperienza piacevole in un ambiente confortevole e vivibile al meglio.

Nel momento in cui inizia il catering è fondamentale "la mise en place" termine della ristorazione di origine francese che letteralmente significa "messa sul posto" o "messa a disposizione". Tale locuzione indica, nelle cucine professionali, la predisposizione di tutto il materiale necessario per una preparazione gastronomico o per un servizio ristorativo.

Avere una tavola imbandita in maniera professionale e funzionale, ha una grande importanza anche per la "convivenza" amichevole tra gli ospiti. Sbagliare la mise en place può causare spiacevoli inconvenienti tra gli ospiti che, non comprendendo l'organizzazione, l'ordine e i criteri con cui i piatti sono disposti, tenderanno a muoversi in direzioni casuali, senza seguire un flusso che una corretta disposizione dei piatti potrebbe invece razionalizzare e render meno confuso.

Inoltre la mise en place deve garantire anche la corretta movimentazione dei camerieri oltre che degli ospiti, non deve perciò occupare uno spazio troppo largo, che ridurrebbe lo spazio per muoversi, e allo stesso tempo non deve essere troppo stretta per evitare di creare percorsi dispersivi.

La mise en place è quindi un'attività che di solito viene svolta prima dell'arrivo degli ospiti e degli sposi. Se eseguita adeguatamente, garantirà un servizio scorrevole agevolando notevolmente il lavoro in cucina.

La missione principale di un buon catering deve essere quello di trovare la maniera ottimale per rendere l'esperienza degli ospiti pressoché priva di imperfezioni in un evento che sarà così indimenticabile.

Quando c'è troppo affollamento nello spazio adibito al catering, oppure quando gli spazi e la struttura purtroppo non possono garantire al cento per cento un flusso scorrevole degli ospiti mentre prelevano le pietanze dal buffet, è assolutamente consigliabile prevedere un "servizio a braccio", in cui cibi e bevande sono serviti dal cameriere.

Gli elementi decorativi de la mise en place devono essere curati con attenzione e professionalità: più belle sono le tavolate e migliore può essere la percezione della bontà dei piatti ;-)

Il servizio deve essere dimensionato opportunamente ponendo attenzione al beverage (intendo lo spazio per le bevande) che solitamente occupa spazi molto più contenuti dei cibi. Infatti, si consiglia un addetto alle bevande/sommelier e un cameriere ogni 10/12 persone.

Il tavolo del buffet deve poi avere un suo stile personale, raccontando magari una storia speciale. In che modo? Dando un tema alla tavolata, che possa essere associato a un contesto specifico, associabile al territorio, o evocando lo stile di una nazione (Grecia, Brasile, Spagna ecc.) o una manifestazione artistica specifica (ad esempio balli è musica locali internazionali).

Un aspetto infine che molti sottovalutano nell'organizzazione di un catering, focalizzandosi in modo erroneo esclusivamente sul food e beverage, riguarda i servizi igienici che devono essere forniti in spazi e modi professionali come gli altri servizi dell'evento.

Non ci dimentichiamo che durante un matrimonio una persona può recarsi in bagno anche più di una volta. Solitamente si va in bagno da soli. Ecco perciò che l'attenzione dell'ospite è diretta all'ambiente in cui sta senza distrarsi più di tanto dagli altri ospiti, musica, animazione e cibo. Quindi, i bagni, rappresentano un ambiente che ha una rilevanza non trascurabile durante l'evento nuziale e che può essere ben ricordato, nel bene e purtroppo nel male.

5. Le celle frigorifere

Supponiamo quindi di organizzare un favoloso matrimonio con un pranzo di pesce in una location da sogno. Orario di inizio dalle 13:00 alle 14:00. Il buffet è disposto su quattro isole:

- Aperitivo
- Tradizione
- Mare
- Crudità di mare

Ognuna di queste isole ospiterà delle pietanze che saranno preparate inevitabilmente molte ore prima. Diventa quindi obbligatorio usufruire di adeguate celle frigorifere che possano consentire la giusta conservazione per evitare che la qualità del cibo si alteri.

Stessa problematica si verifica per l'evento che inizia tra 19.00 e 19.30, dove ancora con maggior problematica, le isole vengono preparate nelle ore più calde.

Si capisce spontaneamente che questo aspetto tecnico diventa fondamentale per non incorrere in errori che possano compromettere completamente tutto l'evento.

Cerca perciò di verificare con grande attenzione che la location abbia a disposizione delle celle frigorifere professionali e dimensionate in modo da gestire serenamente tutte le carrellate di pietanze che saranno somministrate durante l'evento.

6. La location si serve di un banqueting?

Come già abbiamo visto nel precedente paragrafo 4, il banqueting (dall'inglese "Offrire banchetti") si occupa della somministrazione di bevande e cibi preparati nel luogo stesso della somministrazione, nonché degli allestimenti e della "mise en place", con accostamenti di stile dai gusti raffinati.

Nel caso in cui le location non siano dotate di materiale proprio (sedie, tavoli, ombrelloni, allestimenti, ecc.), è da tener presente che nel costo che vi verrà offerto saranno inclusi tutti questi accessori indispensabili.

La maggior parte delle location non dotate di una cucina propria si avvale di questo servizio.

Analizza perciò, nel caso in cui decidi di servirti del banqueting se la location ha i requisiti necessari per svolgerlo in modo ottimale.

7. La Location si serve di un catering?

Come già abbiamo visto nel precedente paragrafo 4, il catering prevede in pratica un'attività di vendita o somministrazione di cibi e bevande in un luogo diverso da quello in cui esso viene prodotto.

Solitamente si affidano a questa attività strutture che non sono dotate di cucina adeguata.

Negli ultimi anni chi svolge attività di puro catering si sta evolvendo nella direzione e organizzazione del banqueting, per questo spesso si pensa che sia la stessa tipologia di lavoro.

Analizza perciò, nel caso in cui decidi di servirti del catering se la location ha i requisiti necessari per svolgerlo in modo ottimale.

Ad esempio, nel momento in cui arrivano le attrezzature di una compagnia di catering (come cucine mobili, frigoriferi, illuminazione, lavastoviglie, impianti stereo, ecc.), bisogna verificare che gli impianti elettrici della location siano in grado di fornire l'alimentazione necessaria per far funzionare a dovere tutta la strumentazione che serve per erogare il catering.

Inoltre, va verificato che nella location ci sia sempre un coordinatore che funge da riferimento per la compagnia di catering, in modo che questa possa ottenere il supporto previsto con tempi rapidi di risposta.

8. Menu standard e su misura

Quando arriva il momento della selezione del menu spesso anche i genitori vogliono partecipare all'incontro, e molte volte mi sono imbattuto in situazioni dove prima di pensare ad accontentare gli ospiti si pensa alle proprie esigenze, ossia a quelle degli sposi e dei relativi genitori.

Bisogna tener presente che proprio facendo lo sforzo di mettere da parte i nostri gusti e le nostre esigenze, e pensando quasi totalmente a quello che vorrebbero trovare gli ospiti, che si arriva a comporre un menu di vero successo e di gratificazione di tutti.

La possibilità di poter costruire un menu personalizzato è sicuramente un'opportunità vantaggiosa, ma molto spesso anche nei menu già programmati ci sono sufficienti variazioni di pietanze da poter soddisfare anche i palati più raffinati.

La scelta del menù dovrà tenere conto prima di tutto del budget che si ha disposizione. I prezzi possono stare, per un servizio di buon livello, mediamente tra i 100 e 200 euro a persona. Il prezzo ovviamente salirà per scelte enogastronomiche più ricercate.

Il numero d'invitati è quindi l'altro fattore che va a determinare il budget complessivo dedicato al pranzo o cena di matrimonio che, solitamente occupa la fetta più sostanziosa dell'investimento matrimoniale (eventuali lavori di costruzioni edili sono esclusi ;-)).

Una volta fissato il budget complessivo per la ristorazione, è necessario connotare il menu in funzione della stagione dell'anno. È banale ma va detto che d'estate è opportuno servire piatti "freschi" e leggeri, mentre nelle stagioni più fredde meglio piatti dai sapori più forti e magari più caldi. Solitamente la bravura di uno chef è quella di sapere presentare dei piatti forniti di elementi stagionali e adatti al periodo dell'anno in cui sono mangiati.

Il menu è poi influenzato anche dall'orario in cui si mangerà. La cena e il pranzo richiedono delle variazioni gastronomiche considerando che i menu sontuosi e luculliani sono più adatti per pranzo mentre, per un evento serale è meglio non presentare menu eccessivamente abbondanti.

Il posto in cui si mangerà influenzerà il menu. Ci deve essere quindi una pertinenza contestuale tra la location e ciò che si mangia. L'esempio più sciocco è il seguente ma va fatto per capirsi: se la location è in riva al mare, non è opportuno presentare un menu montanaro e vale ovviamente il viceversa.

Tanto più la location è riconosciuta per organizzare matrimoni da favola con una ristorazione indimenticabile di cui tutti parlano, tanto più è meglio affidarsi ai menu programmati di queste location.

Andare a modificare strutturalmente i menu serviti in tali location, significa molto probabilmente andare ad allontanarsi dalla probabilità di avere un livello eccelso che solitamente queste strutture erogano grazie anche a servizi – quindi menu – già collaudati.

Ricordati che il miglior menu è quello che piace alla maggior parte degli ospiti, compatibilmente al periodo e al posto in cui si mangia, e ciò non vuol dire che questo menu sia per forza quello che piace di più a te, anche se sei la persona che sta per sposarsi ;-)

Ma come fai a sapere quali potrebbero essere i gusti della maggior parte dei tuoi ospiti?

Qualche anno fa era un po' complicato avere questa risposta, ma oggi con l'uso dei social network potrebbe essere molto semplice ottenerla.

È chiaro che devi avere un'idea iniziale da cui partire per il menu. Da questa idea puoi ad esempio creare cinque varianti.

Ciò che sto per proporti è di creare quindi un gruppo Facebook composto dai tuoi invitati e di attivare un semplice sondaggio con le funzioni specifiche di Facebook per votare il menù maggiormente gradito dagli ospiti.

So bene che per tante persone, questa del sondaggio, potrebbe essere per vari motivi una scelta difficilmente perseguibile, ma per giovani sposi con un parco invitati relativamente giovane, credo sia un'opzione da valutare perché non comporta grossi sforzi e massimizza l'efficacia della comunicazione tra gli sposi e gli invitati.

Il gruppo Facebook del matrimonio può poi essere usato per condividere con tutti gli invitati in pochi click la lista nozze, le coordinate dell'evento e tante altre informazioni utili inerenti alla festa nuziale.

Se non vuoi usare i social network, puoi però fare un'analisi rapida dei tuoi invitati e se l'età media è ad esempio piuttosto alta è meglio fornire dei menu adatti agli anziani piuttosto che sushi e cibi per generazioni più giovani.

Altro fattore che incide fortemente sulla scelta del menu è il numero degli ospiti in funzione degli spazi che la location offre per il buffet. Se lo spazio per il buffet è relativamente piccolo e ci sono più di trecento invitati, il deflusso delle persone e dei camerieri nella zona del buffet potrebbe essere veramente molto complicato. Si consiglia in tal caso di evitare il buffet e di far servire sin da subito le pietanze ai tavoli.

Pensare che la scelta di sapori nuovi e poco tradizionali sia vincente perché renderà il vostro matrimonio indimenticabile e diverso dagli altri, può essere un errore molto grave, perché a gran parte delle persone non piacciono cibi non tradizionali. Infatti i cibi tradizionali sono diventati tali proprio perché piacciono alla maggiore parte delle persone ;-)

Scegliere quindi menu noti e collaudati, serviti da location affermate e con alta riprova sociale, con delle variazioni minimali per soddisfare minime personalizzazioni, può essere la scelta che vi farà felici e in ogni caso ridurrà fortemente il rischio di deludere la maggior parte degli ospiti.

La quantità delle bevande, in particolare dei vini, va scelta in maniera adeguata. In tal caso potresti farti consigliare da un sommelier che valuterà i migliori vini in funzione dei cibi, del tuo budget e al massimo soddisfacimento dei gusti degli invitati.

Verificare anche la tipologia di liquori a e distillati a fine pasto è buona cosa, perché talvolta potrebbero esserci sorprese negative come la mancanza di liquori o distillati solitamente tra i più richiesti.

Nei menù ci devono poi essere delle pietanze che siano facili da mangiare e da "maneggiare". L'astice è una specialità che piace a molti, ma mangiare un astice intero con le pinze è un'impresa che solo pochi riescono a superare senza farsi male o imbrattare loro stessi e gli ospiti vicini con *litrate* di sugo oleoso.

Conteggia i bambini che saranno presenti all'evento per creare – e dimensionare opportunamente - dei menu ad hoc per loro: monotematici, non complessi, come pasta e hamburger, pollo e patatine.

Verifica se tra gli invitati ci sono celiaci, persone con intolleranze particolari, vegetariani, diabetici, ecc. in modo da soddisfare anche le loro necessità gastronomiche. Avere un gruppo Facebook in cui chiedere rapidamente via chat queste informazioni, è il modo più rapido per ottenerle.

Ci sono poi anche delle diversificazioni di menu che dovrebbero essere tenute in conto in base all'appartenenza religiosa degli ospiti, come i musulmani che non mangiano carne di maiale e gli ebrei, per i quali il cibo deve risponde ai requisiti di kasherut.

9. Le giuste distanze dalla cucina

Avendo partecipato a qualche matrimonio, ti sarà capitato che il cibo non é arrivato ben caldo... oppure che sei stato servito molto tardi rispetto a gran parte della sala.

Solitamente, quando succedono vicende di questo tipo, viene data la colpa al "servizio". Con la parola "servizio" si intendono tantissime cose, e non sempre, quando si usa questo termine, ci si sta rivolgendo alla stessa cosa.

Tuttavia, non sempre le responsabilità sono in gran parte del servizio. Infatti, la morfologia della struttura di accoglienza e in particolare la distanza dalla cucina alla sala dove si svolgerà il ricevimento, è un fattore che non viene quasi mai preso in considerazione con la giusta importanza.

Sottovalutare questa distanza può essere un errore irreparabile, perché può rovinare seriamente la riuscita dell'evento.

Valutare invece attentamente questa distanza, ti servirà proprio per capire, se la vicinanza o la lontananza consentiranno di far arrivare ai tuoi ospiti un cibo espresso e caldo e nello stesso tempo consentire al personale di servizio di servire contemporaneamente tutta la sala.

Quindi, per prima cosa valuta bene il servizio se ha un numero sufficiente di persone in grado di coprire le esigenze del ricevimento e se ci sia un livello di professionalità elevato. Per quest'ultimo aspetto verifica le recensioni più recenti, chiedi a chi c'è già stato, partecipa se puoi ad aventi che hanno lo stesso servizio.

Appurato quindi che il personale della struttura è sufficientemente numeroso e professionale, verifica che questo possa lavorare coprendo delle distanze che siano percorribili in tempi brevissimi.

Per capire quanto questo aspetto impatti fortemente sul ricevimento, basti pensare al seguente esempio.

Immagina che mediamente un cameriere dalla cucina alla sala deve percorrere 40 metri. Supponendo che il pranzo abbia 12 portate, il cameriere per consegnarle dovrà percorrere all'incirca almeno una distanza di un chilometro.

Se invece la distanza è 100 metri, il cameriere dovrà percorrere almeno 2,5 chilometri. Fare due chilometri e mezzo con le portate in mano, ti assicuro che non è facile.

Più il cameriere è stanco, più la sua concentrazione nel lavoro diminuisce. Più il cameriere è stanco e più errori può commettere e meno simpatia potrà sprizzare. Più il cameriere è stanco e più sudore produrrà: questo non è assolutamente piacevole per gli ospiti che così tenderanno a ricordarsi brutti odori piuttosto che prelibate leccornie.

10. Il numero dei camerieri impiegati

Il livello di preparazione del personale di sala è veramente l'ago della bilancia nella riuscita di un evento di successo.

Quante volte siamo ritornati in un ristorante non tanto per ciò che abbiamo mangiato ma piuttosto per il servizio ricevuto? e magari per la simpatia dei camerieri? La risposta a queste domande ci fa capire quanto questo aspetto sia impattante per creare un evento in cui gli ospiti si sentono bene, in un bel posto in cui lavorano professionisti del settore.

Ciò che deve emergere da un cameriere non è tanto il fatto che faccia quel lavoro per soldi, ma per passione. Se si ha del personale questo tipo di riscontro, e se il personale è in numero sufficiente per rispondere alle esigenze dell'evento, allora avrai in mano la chiave del successo del tuo ricevimento.

Considerando che ci sia del personale che si occupa esclusivamente della gestione delle bevande, il numero di camerieri appropriato si può dimensionare con una incidenza di una unità per dieci/dodici ospiti.

È naturale che, pensando al proprio matrimonio, ci si auguri un giorno di sole, ma per professionalità dobbiamo pensare anche a un giorno di pioggia dove il personale é sottoposto al doppio dello sforzo specialmente se il maltempo è arrivato a buffet già iniziato.

In questa situazione per esempio avere un numero di camerieri appropriato diventa necessario per prepararsi con prontezza ad un piano "B" senza scalfire la serenità del proprio ospite.

È possibile comunque concordare con la struttura o il banqueting anche un numero superiore di personale da dedicare a ogni tavolo.

Ci si può addirittura accordare sulla tipologia di divisa, scegliendone anche i colori in accordo al modello preferito.

11. È prevista una prova del menu?

Quando si arriva nella struttura che ti cattura il cuore, giustamente ci si preoccupa della qualità della cucina e allora arriva la giusta domanda: "fate la prova del menu?"

Solitamente tutte le location o banqueting prevedono una prova menù che, in taluni casi viene proposta prima della firma del contratto, ma più spesso dopo aver confermato. Ovviamente sarebbe meglio fare prima la prova e poi firmare ;-)

Una volta scelto il menu è quindi opportuno fare una prova che replichi esattamente quando verrà presentato nel giorno del matrimonio.

Non pensare a questa prova come un'occasione per fare un pranzo o una cena a scrocco e abbuffarti, ma come invece un'opportunità di attenta analisi del cibo e delle bevande, assaporando tutto con equilibrio, parsimonia, occhio e palato vigili.

Sarebbe preferibile effettuare la prova del menu durante un ricevimento in modo, non solo di provare la cucina con un numero adeguato di ospiti, ma di vedere anche come l'organizzazione che hai scelto, o che stai per scegliere, gestisce l'intero evento.

La prova durante un evento ufficiale è consigliabile rispetto alla prova "isolata". Seppur nel secondo caso c'è un risvolto romantico che attrae, nel primo c'è la possibilità preziosissima di vedere all'opera tutto lo staff in fase di "pieno carico".

12. Posti a sedere nella sala del ricevimento

Cosa ottimale sarebbe disporre di una sala, priva di colonne, che garantisca con comodità la partecipazione di tutti gli ospiti e che per dimensioni, anche in una giornata di pioggia, disponga di ampi spazi che consentano agli invitati di vivere comunque con serenità l'evento.

È bene inoltre controllare che i tavoli messi a disposizione dei commensali offrano uno spazio sufficiente a ospitare comodamente tutta l'apparecchiatura, considerando anche lo spazio d'ingombro del sottopiatto.

In un tavolo tondo da centosessanta centimetri di diametro, ad esempio, non è consigliato far accomodare più di dieci persone.

Se si vogliono predisporre tavoli più numerosi è necessario chiedere l'utilizzo di plance più grandi.

Questo tipo di calcolo è bene prenderlo in considerazione solo dopo aver ricevuto almeno un novanta percento di conferme dai tuoi invitati.

Solo dopo aver raggiunto questa stima attendibile del numero di ospiti si è in grado di pensare a una predisposizione che possa essere delle più adatte, con plance adatte per ogni esigenza.

13. E se piovesse?

In caso di pioggia la domanda da porsi è se la struttura è dotata di spazi interni dove poter effettuare buffet iniziale e finale, e ovviamente la cerimonia.

Per far sì che sia un giorno sicuramente vincente, dobbiamo pensare anche a un giorno di pioggia e allora diventa determinante garantirci una struttura che sia in grado di metterci a disposizione anche confortevoli spazi interni.

Diventa ancora più importante, preoccuparsi della presenza di grandi spazi interni quando si decide di effettuare il ricevimento in villa. Non bisogna soffermarsi alla vista di spettacolari angoli riservati al rito, ma se vuoi che il tuo giorno sia memorabile e senza brutte sorprese, dovresti pensare *oltre* e verificare chirurgicamente se possiamo stare tranquilli o se siamo nel posto sbagliato.

14. Numero di sedute esterne

Un altro aspetto fondamentale da verificare è in quale percentuale la struttura garantisce le sedute esterne durante il buffet iniziale e finale.

Ti sarà capitato in prima persona che andando in un bel posto al ricevimento di un tuo amico, nel momento del buffet iniziale e quello finale di frutta e dolci, molti invitati sono rimasti senza posto a sedere, in quanto le sedute erano in minima parte rispetto al numero totale degli invitati.

Questa situazione rende molto scontente le persone. Gli ospiti perciò si innervosiscono e si rischia così di rovinare l'intero evento.

Pertanto nelle tue visite ti consiglio di farti mettere nero su bianco la percentuale di sedie e tavoli messi a disposizione nel momento dei buffet.

Chiaramente nella cura dell'evento vincente, è consigliabile la presenza di sedute per il totale numero degli invitati, che in questo caso potranno gustare comodamente l'intero buffet e si disporranno in maniera positiva nel giudizio finale.

15. La cerimonia Civile/Simbolica

Altro aspetto da verificare nel caso in cui non ti sposerai secondo il rito religioso, è di conoscere se nella struttura è possibile celebrare cerimonia civile/simbolica.

Da alcuni anni è molto richiesto il rito direttamente in villa, ma spesso non tutti sanno come affrontare questa opportunità.

In funzione del territorio, dalle regole impartite dai comuni e dalle diocesi, le singole strutture possono consentire l'organizzazione sia di riti religiosi che di riti civili.

Nella situazione dove nella location non è consentito svolgere la cerimonia religiosa ufficiale, è possibile organizzare un rito simbolico tramite l'ausilio di professionisti che svolgono l'attività di cerimoniere.

In questo ultimo caso è possibile programmare la durata della cerimonia ed eventualmente prevedere, durante lo svolgimento di questa, letture e interventi da parte degli ospiti e effettuare dei riti emozionali, come il rito della sabbia, del fuoco ecc.

L'ausilio del cerimoniere, può essere richiesto direttamente alla location o se si è nella condizione di provvedere autonomamente, tanto di guadagnato ;-)

16. I vincoli di orario

Dopo essersi accertati se la struttura che stai visitando effettua uno o due eventi al giorno, diventa molto importante approfondire quali sono i vincoli di orario.

In moltissimi casi, la location che effettua un doppio evento prevede l'arrivo degli ospiti dalle ore 12.30 e ne prevede l'uscita non più tardi delle 18.30, termine necessario per ripristinare la location per l'arrivo dei nuovi ospiti verso le ore 19.30.

Solitamente anche nelle location che effettuano un solo matrimonio al giorno, si devono rispettare degli orari di ingresso e uscita dalla struttura, che però di volta in volta possono essere concordati direttamente con la struttura prescelta.

In questo caso l'evento può essere svolto con più serenità non avendo la pressione psicologica del nuovo evento che incalza.

Va inoltre valutato con attenzione, per l'evento che prevede il pranzo, l'orario di abbandono della struttura.

In questa circostanza, nel caso in cui la struttura ospiterà un nuovo evento serale, in genere l'orario di uscita è previsto per le ore 18.00 massimo 18.30 (orario indicativo).

Analogamente per l'evento che prevede la cena, bisogna sapere con certezza a che ora bisogna abbandonare la struttura.

In questo caso, poiché la struttura non ospiterà un nuovo evento, in genere l'orario di uscita dalla location è previsto alle ore 01.00/02.00 (orario indicativo).

Nel caso in cui la struttura sia ad esclusivo uso della tua cerimonia, potresti eventualmente concordare un tempo extra di permanenza.

Infatti, può essere sicuramente piacevole, specialmente in compagnia dei parenti e degli amici più cari, rimanere a festeggiare oltre l'orario concordato, in quanto il desiderio è quello di rendere la giornata indimenticabile e senza tempo.

Molto spesso ciò è consentito, ma essendo una tipologia di extra molto personale, che varia da struttura a struttura, è consigliato essere ben chiari con la location per non incorrere in spiacevoli incomprensioni, magari alla fine di una splendida giornata.

Il costo dell'extra può variare in termini insindacabili da struttura a struttura anche in funzione dell'orario che si vuole raggiungere, dalla tipologia dell'open bar e dal consumo dello stesso, non ultimo dal numero di personale che la struttura deve mettere a disposizione per gestire l'extra e le eventuali attività previste.

Durante l'extra time, oltre all'open bar, si possono prevedere ulteriori intrattenimenti:
- degustazione di rum e sigari;
- fontana di cioccolato con *stecchinati* di frutta;
- carretto dei gelati
- angolo del barman
- momenti di Magia
- intrattenimento con artisti di strada, ecc.

Infine, bisogna accertarsi su quali sono i vincoli di orari per l'intrattenimento musicale.

La normativa in merito può differenziarsi da territorio a territorio, ma a titolo di consiglio, in occasione di un evento serale, è bene al raggiungimento delle ore 00.00 abbassare i decibel della musica così da non rischiare di compromettere la parte finale dell'evento con l'arrivo delle forze dell'ordine.

Al momento della visita accertarsi che la struttura sia libera da vincoli per l'utilizzo di animazione musicale e farsi sottoscrivere che non vi siano diatribe con abitazioni confinanti che possano mettere a rischio nel vostro giorno più bello l'utilizzo di strumenti musicali.

Molto importante è la tipologia dell'animazione musicale che deciderai di ingaggiare, che se fatta da veri professionisti non ti esporrà mai a situazioni che potrebbero creare noia al tuo evento.

17. Climatizzazione e riscaldamento delle sale

Nel momento della visita della location, come puoi facilmente immaginare, sarai attratto primariamente da ciò che vedrai e magari da ciò che ti sentirai raccontare.

Questa focalizzazione parziale solo sui tuoi sensi dedicati all'ascolto e sulla vista, ti potrebbe far trascurare degli elementi fondamentali che sono necessari e indispensabili per la garanzia di un evento di successo e senza sorprese.

È perciò indispensabile che la struttura che stai scegliendo sia dotata di climatizzazione per il periodo estivo e, di un affidabile riscaldamento per il periodo invernale.

Si consiglia quindi nel momento della visita di fare caso a questi due aspetti molto importanti, verificando con mano se sono in grado anche di refrigerare o riscaldare in modo adeguato.

18. Coperture esterne

La struttura garantisce coperture con ombrelloni e gazebo nell'area dello svolgimento del buffet iniziale e finale?

Anche questo è un aspetto di fondamentale importanza soprattutto per eventi che si svolgono a pranzo e nella stagione calda. è necessario assicurare a tutti gli ospiti adeguate zone di ombra durante il buffet.

Naturalmente la copertura di gazebo o ombrelloni deve garantire ombra all'intero buffet per salvaguardare la qualità del cibo.

19. La SIAE

Se non sai che cos'è la SIAE, da Wikipedia ti riporto la definizione:

"La Società Italiana degli Autori ed Editori (SIAE) è un ente pubblico economico a base associativa, preposto alla protezione e all'esercizio dell'intermediazione dei diritti d'autore.

Oltre a ciò può esercitare altri compiti connessi con la protezione delle opere dell'ingegno e può assumere, per conto dello Stato, di enti pubblici o privati, servizio di accertamento e di percezione di tasse, contributi, diritti."

Ogni volta che si organizza un evento pubblico con della musica, bisogna quindi che agli autori della musica riprodotta durante l'evento sia riconosciuto il giusto compenso (questo è anche il motivo per cui i diritti d'autore sono la forma più bella e meno faticosa di guadagno ;-))

Prima che parta il tuo meraviglioso evento nuziale, bisogna assicurarsi chi pagherà la SIAE.

Nella pianificazione di un evento importante come il matrimonio non è perciò da trascurare il pagamento della SIAE che è necessario per trascorrere una serata in compagnia di buona musica e animazione senza incorrere in brutte sorprese.

Infatti, se dovesse arrivare un controllo e venissimo trovati privi della prescritta autorizzazione, si rischierebbe la chiusura della serata a livello musicale, la confisca degli strumenti per l'artista e una salatissima multa per la location.

I controlli della SIAE avvengono con grande regolarità: non bisogna quindi sfidare la sorte perché la probabilità che giunga qualche ispettore SIAE è ben più alta di quanto tu possa immaginare.

Molto spesso sono gli artisti che nel loro onorario prevedono anche il costo della SIAE che viene modulato con fasce di prezzo in base al numero delle persone dichiarate e all'attività prevista.

In altre occasioni, anche gli organizzatori l'evento espletano questa pratica burocratica che può essere pagata anche nella stessa giornata o altrimenti via web.

Tuttavia, si pensa erroneamente che quest'onere spetti all'animazione o al gestore della location, invece spetta a te che ti stai per sposare perché il tuo matrimonio è un evento privato.

Dal sito della SIAE è infatti riportato:

"Si intendono in questo modo i festeggiamenti a carattere privato (matrimoni, battesimi, cresime, compleanni, feste di laurea e analoghi festeggiamenti) in luoghi diversi dalla propria abitazione offerti da privati e riservati ai propri invitati, nel corso dei quali avvengono esecuzioni di brani musicali appartenenti al repertorio SIAE – Divisione Musica."

È chiaro che sia il gestore della location, l'animatore, il wedding planner, o chiunque altro può pagare la SIAE per te, tuttavia è fondamentale ricordarsi che spetterebbe primariamente a te, così come le sanzioni eventuali che potrebbero scaturire nel caso di inadempienze.

È bene sapere che ogni location appartiene ad un ufficio SIAE competente per territorio.

A questo link
https://www.siae.it
puoi trovare l'ufficio SIAE a te più vicino e, dopo avere effettuato la registrazione,
puoi accedere alle funzionalità online per il pagamento della SIAE per il tuo evento.

Di seguito riporto la procedura passo passo per pagare la SIAE per il tuo evento nuziale recandoti all'ufficio territoriale di competenza.

PASSO 1: Considerando che non tutti i comuni hanno l'ufficio SIAE e che l'ufficio SIAE cui devi recarti NON è quello del tuo comune di residenza, devi recarti all'ufficio SIAE di competenza che è quello del comune in cui ha sede la location (o quello più vicino alla location). Dal sito della SIAE puoi verificare qual è l'ufficio cui recarsi e quali sono i giorni e gli orari in cui puoi essere accolto.

PASSO 2: Ritira dall'ufficio il modulo da compilare relativo al tuo evento in base al quale dovrai versare una cauzione. Prima di recarti all'ufficio dovrai conoscere le seguenti informazioni necessarie per riempire i moduli (e onde evitare imprevisti, portartele con te in forma scritta):
- numero di invitati all'evento
- luogo e data dell'evento
- le canzoni e la musica che saranno riprodotte che vi saranno preventivamente comunicate dal responsabile dell'animazione musicale

Non dimenticarti di portare con te i tuoi documenti personali.

PASSO 3: Compila il modulo facendo attenzione che sia tutto a posto, paga la tua quota secondo le modalità previste dall'ufficio SIAE cui ti sei rivolto, e torna all'ufficio SIAE per consegnare il modulo, la ricevuta di pagamento e ritirare così la cauzione.

Il costo della SIAE dipende quindi dal numero di invitati e generalmente si aggira su qualche centinaia di euro. Ad esempio per un matrimonio di 200 invitati la cifra è circa di 246 euro (nel momento di questa pubblicazione), comprensiva dei diritti associati alla musica e di una quota derivante dal numero di invitati.

La cifra da pagare non è per niente bassa. Ci sono comunque dei casi in cui puoi risparmiarti questo costo.

Di seguito ti riporto i casi in cui NON si paga la SIAE per un evento nuziale:
- riproduci la musica esclusiva di uno o più autori che sono d'accordo con te e che non sono iscritti alla SIAE; gli eventuali diritti li pagheresti a questi autori svincolati dalla SIAE
- organizzi il matrimonio a casa tua (augurandomi che magari tu abbia una bella villa, che purtroppo è un privilegio per pochi :-()

- riproduci musica non soggetta a diritti d'autore come quella di musicisti morti da più di 70 anni, musica sotto licenza CC (Creative Commons) e la musica popolare.

Creative Commons (CC) è un'organizzazione non a scopo di lucro con sede a Mountain View dedicata ad ampliare la gamma di opere disponibili alla condivisione e all'utilizzo pubblico in maniera legale. (fonte Wikipedia)

Per musica popolare si intende l'insieme delle diverse tradizioni musicali che non rientrano nell'ambito della musica colta europea, e che comprendono invece ogni espressione musicale legata a gruppi etnici o sociali. Nonostante le diverse forme che assume, la musica popolare viene tramandata principalmente per trasmissione orale ed è legata alle tradizioni culturali di una determinata comunità (fonte Dizionario Treccani.

Nel caso di musica popolare e musica CC bisogna in ogni caso compilare la modulistica alla SIAE.

20. Condizioni di disdetta

Quali sono le condizioni in caso di disdetta dell'evento?

Ogni struttura, in base al contratto controfirmato al momento dell'accordo iniziale, prevede delle clausole che naturalmente vanno rispettate in caso di disdetta.

Leggere attentamente prima di firmare e nel caso non sia indicata tale specifica, esigere chiarezza nelle informazioni.

Questo paragrafo è molto breve, ma contiene una nota molto importante da tener bene sotto controllo che solitamente è trascurata dagli sposi.

Dopo aver seguito più di mille matrimoni, posso assicurare che le disdette sono più frequenti di quanto si pensi, in particolar modo dovute al fatto che non si è sempre così certi di sposarsi ;-)

21. La suite immancabile

Nella struttura è presente una suite per la prima notte di nozze?

Molte location hanno una suite per gli sposi, che non sempre viene messa a disposizione degli ospiti gratuitamente.

La presenza di una suite è sicuramente un grande vantaggio per la serenità degli sposi, al di là della possibilità di pernottarci alla fine dell'evento.

Infatti, la disponibilità della camera offre un punto di appoggio durante la giornata per refrigerarsi momentaneamente, allungarsi per qualche secondo, appoggiare abiti, regali, valigie e quant'altro.

Alla sera, la suite, è sicuramente una comodità per gli sposi che non sono costretti a spostarsi ulteriormente.

La suite presente nella location va valutata, non solo per la sua bellezza (deve sicuramente essere accogliente, decorosa e confortevole), ma soprattutto per la sua comodità.

Se la suite è presente nella location stessa è veramente un gran vantaggio per gli sposi che la apprezzeranno tantissimo.

22. Strutture alberghiere vicine

La location ha accordi con strutture alberghiere nelle vicinanze?

Nella pianificazione dell'evento e nel preparare la lista degli invitati, spesso accade che vi siano persone che arrivano da altre regioni o da altre nazioni e poter "approfittare" di una tariffa privilegiata già concordata dalla struttura potrebbe essere molto utile.

Sicuramente ottimale è unire al vantaggio economico anche la vicinanza della struttura alberghiera dal luogo dell'evento per dare all'ospite il massimo comfort.

23. Accordi esclusivi con i fornitori

Esistono accordi di esclusiva con dei fornitori?

Molto spesso quando le location "impongono" dei loro fornitori si può pensare che ci siano degli accordi commerciali tra le parti, ma è comunque da tener presente che in questa circostanza la struttura si carica di una grande responsabilità nel garantire e pretendere che l'ospite si avvalga dei suoi partner.

Sarebbe più corretto non avere nessuna imposizione e sentirsi liberi di poter utilizzare dei propri professionisti di fiducia oppure affidarsi a quelli che la struttura propone senza imposizioni.

24. Il tuo assistente

La persona che ti ha assistito nel periodo dei preparativi dell'evento sarà presente nel fatidico giorno?

Sicuramente fondamentale è poter ottenere da parte della struttura una sola figura di riferimento che si prenda cura delle vostre esigenze sin dalla prima visita.

Non dover ogni volta ricominciare a spiegare a figure diverse le nostre necessità è un vantaggio che ci preserva da eventuali incomprensioni e da inutili sprechi di tempo.

Questo consente nel corso dei preparativi di creare un rapporto di fiducia che ci permetterà di arrivare all'evento con la serenità necessaria a garantire il successo.

Se nel corso del tempo hai avuto a tua disposizione una figura professionale dotata di esperienza che ha risposto ai tuoi interrogativi, dissipando le tue ansie e risolvendo le eventuali difficoltà, tutto sarà più semplice per raggiungere la vittoria!

25. Attività straordinarie

Quali sono gli extra (attività straordinarie) che si possono aggiunge all'organizzazione dell'evento?

Ogni struttura propone delle attività di intrattenimento per gli ospiti (fontana di cioccolato, confettata, degustazioni di rum e sigari, fuochi d'artificio…), di cui si può parlare nel corso della prima visita, chiedendo modalità di organizzazione e costi delle attività proposte a titolo informativo.

La pianificazione degli extra può avvenire comunque in un secondo tempo, dando priorità a quelli che sono i punti cardine della giornata, già indicati nei punti precedenti.
Concludere l'evento con la magia dei fuochi di artificio è uno di quei plus immancabili nei matrimoni indimenticabili.

Non tutte le strutture consentono di effettuare questo tipo di intrattenimento, che è sicuramente estremamente coreografico, ma, se non fatto a regola d'arte e da aziende qualificate, potrebbe risultare pericoloso.

Proprio per questo motivo molte location che consentono di effettuare fuochi d'artificio si avvalgono solo di loro collaboratori di fiducia, perché:
• in possesso degli opportuni permessi
• in possesso delle indispensabili garanzie di sicurezza
• a conoscenza degli spazi della struttura destinati a tale spettacolo.

Inoltre è bene verificare se la struttura sia dotata di tecnologia audio/video per vedere tutti insieme un eventuale video-sorpresa, solitamente creato dagli amici degli sposi.

La possibilità di disporre nella sala di una tecnologia audio/video che dia la possibilità agli ospiti di seguire tutti insieme un eventuale video sorpresa preparato per gli sposi è sicuramente un valore aggiunto importante, che arricchisce l'evento di un momento emozionante, personale, bello da condividere con parenti ed amici.

26. Il generatore di corrente

Non puoi immaginare, dopo centinaia di matrimoni organizzati, quanto sia determinante che la struttura sia dotata di un generatore di corrente.

Ritengo che questa caratteristica rientri nei veri requisiti fondamentali che deve avere una location per garantirti l'assoluta serenità.

È pur vero che è un requisito molto tecnico che molto probabilmente chi si appresta a programmare il suo evento non conosce o quantomeno non dà ad esso la giusta importanza.

Nei tanti anni di esperienza fatta sul campo e consulenze aziendali nel mondo degli eventi, ho sempre dato la giusta importanza a questo aspetto in quanto in una situazione di criticità, l'intera struttura va al collasso, paralizzando non solo la sala dove sono gli ospiti, ma le cucine, i servizi igienici, le celle frigorifere, il sistema di riscaldamento nel periodo invernale e di refrigerazione nel periodo estivo.

Insomma dopo tanta attesa, trascurare questa determinante caratteristica potrebbe trasformare il nostro giorno più bello in una vera disfatta.

Il tuo business nell'organizzazione di matrimoni

Il presente capitolo è dedicato a gestori/direttori di location e wedding planner che "puntano in alto".

Puntare in alto, nel presente contesto, significa realizzarsi col proprio lavoro.

Per realizzarsi professionalmente nel campo dell'organizzazione degli eventi, è necessario creare un sistema di vendita che ti permetta di ottenere tutti i clienti che vuoi, rendendo quest'ultimi felici e soddisfatti del servizio che eroghi.

È necessario quindi render talmente soddisfatti i tuoi clienti che non possano resistere di parlare del tuo lavoro in modo entusiastico.

Nel settore dell'organizzazione di matrimoni il passaparola umano è l'elemento di marketing fondamentale checché ne dicano i moderni corsi di marketing e comunicazione, che puntano quasi esclusivamente sulla creazione di sistemi di vendita sul web ad alto potere persuasivo.

Questi sistemi moderni funzionano alla grande con tantissimi prodotti e servizi.

Ti permettono infatti di creare dei micidiali funnel (imbuti di vendita) per convertire in clienti persone che accedono in una prima fase ai tuoi servizi in modo gratuito.

Tuttavia, nel settore specifico dell'allestimento di eventi nuziali, per la natura dell'evento stesso, il passaparola è ancora l'elemento di marketing che più di ogni altro favorirà il tuo business.

In questo capitolo ti darò dei consigli a 360 gradi su quelle che secondo me sono le regole per diventare il migliore organizzatore di matrimoni (e di eventi) che tu possa mai essere.

Ciò che di seguito riporto è una serie di consigli di ogni tipo, sia da un punto di vista pratico che da un punto di vista dell'approccio mentale teso all'evoluzione professionale e personale.

Sono infatti convinto che senza un miglioramento della persona, non può esistere un miglioramento del business che la persona stessa sta creando.

Questa ultima regola è valida soprattutto nel settore dell'organizzazione di matrimoni, in cui uno degli aspetti più importanti per riuscire a ottenere un grande successo, è proprio quello relazionale.

Tanto più si riesce a stabilire una relazione di fiducia e di costruttiva collaborazione col cliente, tanto più l'evento godrà di una sinergia speciale che determinerà quel giusto equilibrio che farà decollare positivamente l'evento stesso.

I seguenti consigli sono ovviamente validi – e suggerisco perciò di leggerli e non di passare alle conclusioni :-) – anche per coppie in procinto di sposarsi, proprio perché permettono di capire chi è la persona cui ci si rivolge per organizzare il giorno più bello della vita e, soprattutto, qual è il suo gradi di professionalità.

In questo modo i futuri sposi possono capire se di fronte hanno una persona che punta a creare un evento eccellente oppure una persona che punta esclusivamente a portare a casa qualche migliaio di euro.

Inoltre, mi permetto anche di sostenere che quanto di seguito esposto potrebbe avere una valenza positiva anche al di fuori del settore dell'organizzazione di eventi.

Infatti, i contenuti seguenti rappresentano anche i miei principi che servono per creare persone migliori, ossia persone in grado di raggiungere i propri obiettivi, sia da un punto di vista professionale ma anche personale.

Stupire per eccellere

Non saranno solo i clienti, ovvero gli sposi novelli, a far pubblicità al tuo servizio, ma anche le centinaia di invitati che saranno presenti all'evento.

Esiste quindi un solo modo per far propagare il passaparola nella maniera più efficace possibile: fornire servizi eccellenti, ossia servizi che superano le aspettative dei clienti.

Bisogna stupire i clienti, sbalordirli con l'eccellenza.

E come si fa a sorprenderli? Beh, basta programmare la sorpresa pianificando quindi il "surplus" che stupirà il cliente e facendo attentamente in modo che il cliente se ne accorga in modo palese.

Bisogna creare come dicono gli americani una "overdelivery", ossia una consegna supplementare non prevista.

Basta veramente poco per stupire i tuoi clienti con una overdelivery.

Fornire a sorpresa una bottiglia di champagne nella suite in cui gli sposi chiuderanno l'evento, potrebbe essere un ottimo esempio di questo surplus fornito che favorirà il passaparola.

Oltre agli sposi, devi poi stupire anche gli invitati in modo che il passaparola sia innescato pure da loro.

Essendo tu un professionista nel tuo settore avrai già in mente tanti modi per sorprenderli, ma anche in questo caso, banalmente potresti pensare a una fornitura supplementare che sia facilmente accessibile a tutti gli ospiti.

Ad esempio, solitamente nei matrimoni viene riservato un tavolo per i confetti. A questo tavolo speciale, se ne possono affiancare specularmente altri chiamati "angoli dei vizi" che possono essere dedicati alla degustazione dei liquori, ai tabacchi speciali, all'assaggio di cioccolato di vario tipo, a birre particolari ecc.

Altra idea potrebbe essere quella di allestire un angolo per le foto degli invitati che possono essere fatte indossando delle simpatiche mascherine, parrucche, gadget che sono messi a disposizione su un tavolo apposito. Le foto possono quindi essere scattate al momento tramite Polaroid e consegnate all'ospite. Oppure, se si riesce a conoscere all'inizio dell'evento qual è l'auto dell'ospite (basta allinearsi col parcheggiatore), le foto possono essere lasciate alla fine dell'evento sul tergicristallo dell'auto insieme a una busta speciale in cui si ringrazia l'ospite della sua presenza e gli si regala pure le foto dentro la busta stessa.

Fai però attenzione a non esagerare e non creare un effetto boomerang con l'overdelivery. Ci sono infatti dei consulenti che propongono di stupire gli invitati e gli sposi creando una sorta di festa a tema, vestendo ad esempio i camerieri con abiti storici.

Prima di proporre una cosa del genere consiglio sempre di annullare l'effetto sorpresa almeno con gli sposi e cercare di capire preventivamente con loro se il gruppo di invitati, per abitudini e gusti, può gradire o meno una sorpresa del genere.

Ci sono diverse aziende specializzate per offrire servizi extra per i matrimoni, come dog e cat sitter, effetti di luci speciali, intrattenimento per bambini, abbigliamento in tema per personale di servizio ecc…

L'importante è ovviamente pianificare l'extra non previsto in modo coerente con lo stile dell'evento, in accordo perfetto col budget pianificato senza contrariare minimamente gli sposi e gli invitati.

Se questo rischio è appena tangibile, ossia esiste la possibilità, seppur minima, di far storcere qualche bocca, meglio allora rinunciare totalmente all'idea della fornitura extra.

Quindi, la regola principale è fornire il servizio previsto in modo impeccabile in accordo a quanto stabilito con gli sposi.

Dopo aver erogato quanto concordato col cliente, bisogna strategicamente pensare a dare "qualcosa in più", che sia comunque pertinente con l'evento, che non crei contraddizioni con la fornitura prevista e che sia qualcosa di memorabile, tangibile e comunicabile con altri. Qualcosa di cui se ne possa parlare per mesi... insomma, deve essere la ciliegina sulla torta che faccia innescare un passaparola irrefrenabile.

In questa maniera si raggiunge l'eccellenza, soprattutto da un punto di vista del marketing, ovvero della percezione che i tuoi clienti si sono fatti del servizio che offri.

Il potere della visualizzazione

Può essere banale... ma se intendi ottenere il massimo dal tuo lavoro - e sinora non hai raggiunto i risultati ai quali punti - significa che le cose che stai facendo devono essere fatte in modo diverso :-)

Quindi, come sosteneva Einstein: "Non possiamo pretendere che le cose cambino, se continuiamo a fare le stesse cose..."

La domanda che ho imparato a pormi poco prima che decidessi di lasciare il lavoro in Polizia fu la seguente:

"Che cosa farei nella vita se avessi la certezza di riuscire? Se fossi sicuro di non fallire, in cosa mi impegnerei più che mai?"

Tutti i giorni mi ponevo questa domanda che mi conduceva alla convinzione che le cose dovevano per forza cambiare, se avevo intenzione di diventare ciò che sono oggi.

Agire secondo la propria natura è l'unica strada per ottenere ciò che si merita.

Seguire la propria natura significa sviluppare le proprie passioni, ma per ottenere i risultati ambiziosi a cui punti, le tue passioni devono essere profittevoli, ossia devono avere un mercato sufficientemente ampio al quale rivolgersi.

Il nostro mercato è quello dell'organizzazione degli eventi e in particolare dei matrimoni. Questo mercato è oggettivamente profittevole: la nostra passione ha quindi una giusta direzione cui indirizzarsi :-)

Tuttavia, il mercato in questione è anche estremamente competitivo anche perché l'Italia è un paese ricco di arte più di ogni altro al mondo e quindi è ricco di ville e location che ben si predispongono per accogliere eventi nuziali.

Un direttore di location che punta in alto deve quindi distinguersi dalla concorrenza, facendo le cose che altri direttori non fanno, puntando all'eccellenza.

È quindi necessario avere un approccio mentale nuovo, che ti porti a evolvere nel tuo lavoro e a livello personale.

Se vuoi ottenere risultati nuovi, devi essere una "persona nuova". Devi perciò essere una persona che ha desideri nuovi.

Coloro che reprimono il desiderio, lo fanno perché il loro desiderio è abbastanza debole da essere represso. Il malcontento è il primo passo verso il progresso.

Inizia a pensare a ciò che non si può più tollerare. Pensa a ciò che vuoi cambiare e migliorare nella tua vita. Pensa a ciò di cui non sei soddisfatto e di cui non vuoi più accontentarti.

Che cosa ti sta dando più fastidio nella tua vita e che cosa non accetti più della persona che sei?

Rispondi in forma scritta a queste domande e cerca di trovare un nuovo modo di vedere il tuo futuro.

Parlando di questi argomenti inerenti alla crescita personale, non credo in questo libro di andare fuori tema, ma ti sto spiegando la strategia stessa che ho usato per fare il cambiamento professionale che mi ha portato al successo.

Secondo me la chiave vincente a livello mentale è proprio la visualizzazione continua dei cambiamenti che vuoi attuare.

Tutti noi abbiamo una mente conscia e una mente inconscia.

La mente inconscia si attiva e si stimola ogni volta che pensi in modo chiaro e intenso a ciò che intendi conseguire.

Tanto più la mente conscia desidera e visualizza, tanto più la mente inconscia elabora nuove soluzioni. Più impari a usare il potere nascosto della mente inconscia, più velocemente raggiungerai una vita ricca di successi e soddisfazioni.

Ciò che serve è quindi la visualizzazione della tua vita come se avessi già raggiunto i

tuoi obiettivi.

La cosa migliore è farsi una fotografia mentale del risultato finale.

Se hai un'immagine nitida e puntuale, il cervello è maggiormente stimolato e motivato. Più tempo passi a pensare con intensità a ciò che vuoi raggiungere, e più chiara e cristallina diventerà la via per conseguirlo.

Più il tuo obiettivo è chiaro nella tua mente e maggiori saranno le possibili soluzioni che il tuo cervello troverà per realizzarlo.

All'aumentare della chiarezza e della convinzione, aumenta la collaborazione del cervello. Meno è chiara l'immagine del risultato finale e minore sarà il coinvolgimento del cervello.

Visualizzare vuol dire pensare. Pensare vuol dire chiedersi che cosa si vuole da una certa situazione, e iniziare a visualizzare la situazione nel modo più dettagliato, preciso e reale possibile, in modo da anticipare possibili problemi, e disinnescarli prima che si presentino.

Questo è il modo più sano per pre-occuparsi, per occuparsi prima del futuro.

Per visualizzare correttamente e aumentare enormemente il coinvolgimento e la partecipazione del tuo cervello, c'è una tecnica semplice ma precisa, costituita da tre fasi.

È importante che tu segua attentamente questa tecnica, da sola può già fare la differenza tra vincere e perdere.

1°. Ciò che visualizzi deve essere straordinariamente bello!

È la sensazione a coinvolgere il tuo cervello e non solo la visione. Se visualizzi ciò che vorrai, ma questo non ti dà sensazioni di piacere, gioia, eccitazione, la tua mente non starà creando le soluzioni che ti aiuteranno. Dovrai provare la vivida sensazione di vivere ciò che vuoi.

2°. Ciò che visualizzi deve essere dettagliato!

Quando visualizzi devi solo e soltanto concentrarti sul risultato finale, e immaginarlo nel modo più dettagliato possibile.

3°. Ciò che visualizzi deve essere intenso!

Devi immedesimarti nella situazione. Entra nell'immagine.

A questo punto starai già visualizzando il direttore prestigioso di location o grande organizzatore di matrimoni che vuoi diventare: una persona stimata che organizza eventi indimenticabili, che gestisce il suo staff in modo saggio, che cura i dettagli con estrema cura, che attrae clienti come un magnete e che è amato dai suoi stessi clienti.

Questa immagine proiettata tutti i giorni nella tua mente, non farà miracoli, ma ti farà rimanere focalizzato unicamente sulla strada da percorrere per trasformare in realtà l'immagine che hai pre-costruito.

Con questa immagine, costantemente e solidamente impressa dentro di te, non farai azioni estranee all'immagine ma farai azioni allineate con l'immagine stessa.

Tutti i giorni, tutte le settimane, tutti i mesi sempre e unicamente verso questa direzione, con umiltà, sacrificio e profonda dedizione al lavoro.

In questo modo potresti veramente diventare in un tempo relativamente breve il numero 1 nel tuo settore.

Non è facile, ma ti assicuro che è possibile. Io stesso ci sono riuscito partendo da un settore e da conoscenze completamente estranee all'obiettivo prefissato, con tutti miei limiti e i condizionamenti frenanti che ho dovuto subire per via del mio passato.

Pianificare la crescita

Il primo fondamentale passo per ottenere ciò che vuoi nella vita, è decidere che cosa vuoi.

Affinché tu possa raggiungere il massimo che meriti, è necessario che il tuo obiettivo abbia le seguenti caratteristiche:
- deve entusiasmarti
- deve anche spaventarti (sennò non sarebbe sufficientemente ambizioso ;-))
- deve motivarti
- deve essere misurabile
- deve essere formulato in positivo
- deve avere una scadenza
- deve essere sotto il tuo diretto controllo

Se vuoi diventare veramente un importante organizzatore di matrimoni, devi avere la certezza dentro di te che questo è veramente ciò che desideri fare, senza dubbio alcuno.

Questo obiettivo deve quindi motivarti ogni giorno a fare il meglio per raggiungere quello a cui stai puntando.

Ma a cosa punti se vuoi diventare un importante organizzatore di matrimoni?

Per rispondere a questa domanda devi dare dei numeri. Non nel senso che devi andar fuori di testa, ma che devi stabilire delle misure da raggiungere affinché il tuo obiettivo sia tangibile e quantificabile.

Supponiamo che il tuo obiettivo sia di guadagnare un milione di euro in due anni con l'organizzazione dei matrimoni.

La domanda che ti devi porre è allora: cosa devo fare per guadagnare un milione di euro in due anni organizzando matrimoni?

E quindi: quanti matrimoni devo organizzare per raggiungere questo obiettivo?

Quanto devo guadagnare per ogni matrimonio affinché ciò avvenga?

Quali sono i costi fissi che mediamente si hanno nell'organizzare un matrimonio? E i costi variabili?

Che cosa devo imparare per ottenere il risultato che merito?

Quanto costa la formazione necessaria per apprendere ciò di cui ho esattamente bisogno per raggiungere i risultati per i quali sto lavorando?

Tutte queste domande iniziali servono per farti un'idea del carico e della qualità di lavoro che devi affrontare da qui ai prossimi due anni, mantenendo la concentrazione assoluta e la consapevolezza che la qualità del tuo lavoro sarà più importante della quantità.

Infatti, una volta definito un obiettivo, inizierai quotidianamente a visualizzarlo e ogni giorno compirai le azioni che servono per raggiungerlo. In tal senso la qualità di ciò che fai è più importante delle ore che lavorerai.

Puoi lavorare infatti quindici ore al giorno ma se non segui la rotta che hai stabilito per raggiungere il tuo obiettivo, il lavoro svolto sarà infruttifero per te, seppur sia quantitativamente rilevante.

Il tuo obiettivo deve essere ambizioso, deve farti un po' di paura altrimenti non ha senso pianificare in questo modo. Se punti alle stelle, male che andrà cadrai sulle nuvole.

Ogni giorno, un organizzatore di eventi è sottoposto a una miriade di compiti che solitamente sono definiti urgenti e che fanno procrastinare indefinitamente le attività più importanti di un business, come la pianificazione degli obiettivi.

Seguire tutti i giorni i compiti che ti piovono addosso, significa trascinare in avanti la tua attività come una lumaca senza una visione e questo, prima o poi, ti porterà al tracollo.

Un imprenditore non può – e non deve - seguire tutte le attività che sono delegabili e meccanicamente eseguibili da altri retribuiti per farle.

Un imprenditore deve svolgere le attività nelle quali il suo ruolo è insostituibile, come la gestione della vendita, del marketing, dell'innovazione dei prodotti/servizi offerti e della definizione dei processi organizzativi dell'azienda.

La redazione dei processi organizzativi serve essenzialmente per:
- liberare l'imprenditore dai compiti che ogni giorno lo sommergono, che sono urgenti ma non di sua competenza (contatti con i fornitori, gestione fatture e burocrazie, risposta a email e telefonate, ecc.)
- render l'azienda nel medio e lungo termine indipendente dal suo capo e anche dai suoi dipendenti. Infatti, una volta che l'azienda ha scritto e ha definito comprensibili i processi intermedi per creare, sviluppare e vendere il prodotto, questi processi possono essere insegnati a qualsiasi tipo di dipendente che abbia un minimo di formazione necessaria per eseguirli
- scalare il business, creando modelli seriali che si basano sui processi già collaudati per l'azienda di partenza.

Un organizzatore di matrimoni che punta a diventare un riferimento nel suo settore dovrà liberarsi quanto prima di tutte quelle attività dove suo contributo non è determinante. Queste attività di cui l'imprenditore dovrà liberarsi saranno quindi svolte da altri, che saranno equamente pagati per eseguirle.

Un organizzatore di matrimoni che punta a diventare un riferimento nel suo settore dovrà tutti i giorni mettere nell'agenda l'appuntamento col suo cliente più importante, ovvero se stesso.

In questo appuntamento che dovrà avvenire al mattino, ossia quando le energie a disposizione sono le più fresche e vigorose, l'organizzatore di matrimoni dovrà dedicare almeno 3/4 di lavoro allo sviluppo delle attività che servono per far crescere prima possibile il proprio business per renderlo quindi scalabile.

Queste attività primarie a carico del direttore di location o organizzatore di matrimoni, riguardano:
- la pianificazione settimanale, mensile e annuale del lavoro da svolgere in accordo agli obiettivi prefissati
- la creazione e il continuo miglioramento dei processi lavorativi dei vari compartimenti dell'azienda, dalla produzione, alla vendita, dall'amministrazione, alla gestione del personale.

Questi processi lavorativi dovranno essere ovviamente formalizzati, ossia scritti.

È necessario quindi creare dei veri manuali per ogni attività specifica che deve essere coperta a livello aziendale.

Se organizzi matrimoni, dovrai quindi avere un manuale per il personale di sala, un manuale per il personale di cucina, un manuale per il gestore della location e così via per tutti gli altri rami dell'azienda.

Avere a disposizione queste informazioni scritte e condivise, consente di velocizzare incredibilmente il processo formativo dei dipendenti. Inoltre, rende ogni dipendente più consapevole del proprio ruolo all'interno della macchina organizzativa, tenendolo a conoscenza anche degli ambiti e limiti operativi dei suoi collaboratori.

In questo modo ogni dipendente che tiene al proprio lavoro, tende a dare il massimo anche perché sa che, grazie ai processi dai quali ha imparato in poco tempo come fare il suo lavoro, potrà essere rimpiazzato in altrettanto poco tempo da nuovo personale, che sarebbe formato alla stessa maniera.

Avere a disposizione questi processi permetterà inoltre a un direttore di location o organizzatore di matrimoni, di:
- espandere il proprio business, prendendo in gestione nuove location e nuove opportunità, nelle quali replicherà i processi organizzativi e lavorativi già collaudati con successo
- essere il riferimento inarrivabile del mercato, apportando

continue migliorie ai processi stessi, facendo quindi in tal senso innovazione continua, cercando sempre di raggiungere quella perfezione che non ci sarà mai ma che potrà essere avvicinata sempre più, per erogare così servizi eccellenti.

Tutto questo sembra banale se magari hai letto qualche libro su come sviluppare e far crescere i business, ma sono veramente pochi gli organizzatori di eventi che conosco (e ne conosco veramente tanti...) che lavorano in questa maniera.

Ciò che non è banale è quindi come liberare il tempo da dedicare a queste attività di modellizzazione e formalizzazione del proprio business, delegando tutto quel mare di compiti apparentemente urgenti che ogni giorno ci piovono addosso.

Per ottenere questo scopo, l'aspetto fondamentale è la creazione di un team di lavoro affiatato e serio, in cui ogni elemento con responsabilità svolge le proprie mansioni, sapendo sempre che tipo d'influenza avrà il suo operato nei confronti dei propri collaboratori.

Io sono la prova di come questa strategia di crescita funzioni.

All'inizio della mia attività come organizzatore di matrimoni, ero tutti i giorni in balia di lavori che non sceglievo, ma che erano fondamentalmente quelli che mi trovavo a fare a seguito delle commesse che riuscivo a ottenere, tra una pausa e l'altra di lavori urgenti.

Questo modo di lavorare mi creava forte stress.

La mia salvezza è stata che l'unica finestra che lasciavo per me, era quella legata alla formazione. Lo studio di libri e corsi sulla produttività personale e sulla ottimizzazione dei business, mi ha dato le conoscenze necessarie per fare il salto di qualità. Un grande salto in avanti.

Quando mi resi conto di non aver tempo durante il giorno per dedicarmi alla pianificazione e modellizzazione del mio business, decisi di spostare la lancetta dell'orologio un po' prima la sera e abbastanza prima al mattino.

La soluzione fu semplice ed era legata a un ragionamento ineccepibile: se non potevo durante il giorno trovare il tempo da dedicare alle attività più importanti del mio business, allora dovevo trovarlo prima che il giorno lavorativo iniziasse.

Non era ammissibile che queste attività fondamentali non venissero mai svolte. Dovevano essere svolte! E per questo decisi che le avrei fatte prima di ogni altra attività giornaliera: il lavoro, la famiglia o altro...

Iniziai così a svegliarmi al mattino presto, anche prima delle sei e dopo un po' di movimento e una sana colazione, mi mettevo – e tutt'ora mi metto – a riflettere e a scrivere come migliorare la mia attività.

Quali sono le cose più importanti che devo fare da subito, all'inizio della giornata quindi, affinché il mio business cresca secondo la misura che è stata definita nella pianificazione fatta?

Al mattino presto, facevo soprattutto pianificazione e poi creazione dei processi che servivano per migliorare la mia attività di organizzatore di matrimoni.

Ho creato quindi del materiale informativo preziosissimo, insostituibile per la mia crescita e quella della mia azienda. Materiale che nessun altro avrebbe potuto creare e che in nessun libro avrei potuto trovare. Quel materiale è la mia azienda, la mia crescita, la mia vita.

Grazie a questa puntuale e inarrestabile analisi mattutina del mio business, ogni giorno mi era sempre più chiara la strada che dovevo percorrere.

In questo modo la mia attività cresceva sempre più e lo stress lavorativo paradossalmente diminuiva di pari passo.

Lo stress diminuiva perché avevo tutto chiaro – e tutto ben scritto – sul percorso che stavo seguendo.

Tanto più studiavo libri e corsi, tanto più mi rendevo conto che ciò che stavo facendo aveva uno scopo chiaro ma che comunque necessitava di miglioramenti importanti, sempre.

Il percorso di apprendimento e innovazione non deve finire mai.

Credo sia proprio questo in fondo il motivo per cui siamo in questo mondo: per migliorarci.

E non c'è miglioramento senza apprendimento.

La dimostrazione stessa che ho seguito la strategia di crescita riportata in questo libro è proprio il libro stesso che ora stai leggendo.

Infatti, all'interno di questo libro ho riportata - in forma ampliata e predisposta alla consultazione da parte di terzi - l'elaborazione di tutta una serie di appunti che ho preso nelle mie mattinate di progettazione della crescita del mio business.

Una buona parte dei contenuti di questo libro sono infatti degli estratti, opportunamente elaborati, per renderli idonei e piacevoli alla lettura, dei processi lavorativi aziendali con i quali ho ottenuto una grande crescita in pochi anni, diventando il riferimento nel mio settore e, cosa molto importante, partendo da zero.

Senza aver avuto questa attenzione continua alla:
• formalizzazione dei processi lavorativi
• pianificazione delle attività con visione a medio e lungo termine
• delega ad altri collaboratori dei compiti nei quali non c'era un mio impatto reale
non avrei minimamente raggiunto i risultati professionali di cui ora vado orgoglioso.

Il mio consiglio è quindi di non farti sommergere dall'immondizia che ogni giorno ti cade addosso.

Vai a dormire un po' prima la sera, alzati prima al mattino, spegni il cellulare, scordati delle email e dei social network, isolati dal mondo e inizia ogni giorno a creare la tua visione con la massima focalizzazione e scrivendo ciò che serve per realizzarla.

Realizza poi ciò che hai scritto.

Impara sempre cose nuove ma che siano le cose che ti servono esattamene in quel momento per crescere.

Fai questo lavoro ogni giorno, ogni settimana, ogni mese e ogni anno fino a quando non hai realizzato ciò per cui hai lottato.

Una volta che hai raggiunto il tuo scopo, fermati e guardati indietro. A questo punto sorridi e ricomincia con un altro piano, più bello e più grande :-)

Limitazione e azione

In questa vita la lezione più importante che ho imparato è che la dimensione dei risultati che ognuno di noi può ottenere è limitata alla dimensione dei pensieri che ci circolano in testa.

All'inizio di questo libro ho già scritto che non sono un fan dell'arcinota "Legge di attrazione", ma sono un fautore sfegatato del principio in base al quale il nostro pensiero condiziona ineluttabilmente le nostre azioni.

Se pensi continuamente che l'evento nuziale che hai organizzato non avrà il successo che speravi... che i membri del tuo staff non faranno ciò che gli hai detto di fare affinché l'evento sia positivamente condotto... che non riuscirai a trovare nuovi clienti per i prossimi mesi...

se continuamente nella tua testa ci saranno questi pensieri, ciò che accadrà è che inevitabilmente dal tuo viso si percepirà questa paura, questa insicurezza e così le persone ti seguiranno con meno attenzione,

e questo non garantirà probabilmente il pieno successo del tuo evento, le persone del tuo staff non si fideranno a pieno di te, i nuovi potenziali clienti non compreranno da te perché ti percepiranno insicuro...

in poche parole, ciò che diventerai è limitato da ciò che pensi di poter diventare.

Le convinzioni nascono dalla combinazione di tre fattori:

1. le persone che frequenti
2. i libri e corsi che leggi
3. come interpreti il tuo passato

Cerca perciò di evitare di frequentare persone che continuamente smontano i tuoi sogni, che ti dicono che non puoi farcela, che si lamentano di continuo della loro condizione senza far nulla per cambiarla.

All'inizio di questo libro ho ringraziato mia moglie proprio perché, nel momento in cui ho deciso di cambiare la mia vita e di dedicarmi all'organizzazione di eventi, lei mi è stata vicina e ha supportato questa mia nuova visione, seppur sapevamo entrambi che non sarebbe stato facile e che non era certo che arrivassero i risultati.

Sempre, in questo libro, ho più volte ribadito quanto sia fondamentale la formazione continua per svolgere al meglio il tuo lavoro e raggiungere risultati sempre più ambiziosi.

Il mio consiglio non è quello di comprare corsi e libri a caso, ma di studiare i libri e i corsi che ti risolvono il problema più grande che hai in quel momento preciso, il problema che in quella fase specifica sta bloccando la tua crescita.

Ad esempio se non trovi il tempo per pianificare, leggiti il miglior libro sulla produttività e su come liberare il tempo per le attività più importanti.

Se non sai come vendere attraverso la scrittura, leggi il miglior libro sul copywriting.

Se non sai come gestire i tuoi collaboratori, leggiti il miglior libro sulla gestione delle risorse umane in azienda.

Infine, il terzo fattore che va a influenzare le tue convinzioni, è il tuo passato, o meglio la percezione che tu hai del tuo passato e come lo interpreti.

Su questo aspetto non scrivo più di tanto perché non è il mio campo, ma dico solo che se in passato hai fallito non vuol dire che in futuro non avrai successo.

Se io avessi interpretato negativamente il mio passato, sarebbe stato molto improbabile pensare che un tizio che ha fatto il poliziotto per più di vent'anni potesse diventare un formatore per direttori di location prestigiose, un autore di libri sull'organizzazione di eventi e un affermato organizzatore di eventi.

Quel "tizio" sono proprio io...

Il passato non c'entra, lascialo stare lì dove l'hai messo. Riprendi in mano la tua vita, e riparti da una storia nuova senza che ciò che è successo prima ne condizioni l'esito.

Non voglio fare lo psicologo, non è il mio compito, non ne ho le competenze, ma se oggi non hai ancora ottenuto i risultati ai quali hai sempre puntato con passione, è probabilmente perché nella tua mente non ci sono stati i "giusti pensieri" che servivano da benzina per le "giuste azioni".

Nel business, più di ogni altro campo, l'azione conta tanto, ma la velocità di azione oggi conta tantissimo. Che cosa significa tutto ciò? Seguimi...

Viviamo in un'epoca in cui la comunicazione, la società, la tecnologia, le abitudini di ognuno di noi cambiano con una velocità spaventosa. Di conseguenza anche l'economia subisce continui stravolgimenti che modificano inarrestabilmente la domanda del mercato.

Se vuoi essere un organizzatore di eventi top, oggi più di ieri, dovrai essere una persona che agisce con estrema rapidità a seguito dei "giusti pensieri" incanalati in una pianificazione realistica ma ambiziosa.

Se arrivi tardi, l'economia, per come oggi si evolve velocemente, potrebbe già essere cambiata e non più adatta ad accogliere la strategia commerciale che poco prima andava bene.

È assolutamente inutile pianificare come descritto nei precedenti paragrafi se alla pianificazione non si dà seguito con azioni immediate.

Al mattino presto, quando lavoro analiticamente sul mio business, decido quelle che sono le azioni più importanti che posso fare subito per raggiungere l'obiettivo che ho tracciato nel mio piano.

E subito dopo aver deciso cosa fare, lo faccio! Non aspetto niente e nessuno, lo faccio subito e basta. Questa diventa la cosa più importante del mio giorno, fare subito la cosa più importante che mi serve per ottenere gli obiettivi fissati nel mio piano.

Non faccio più come in passato, quando pianificavo e poi procrastinavo l'azione, no, quel modo era deleterio per la mia crescita tanto quanto l'assenza di pianificazione.

Molte persone non agiscono fino a quando hanno l'ispirazione, ma molto spesso, a quel punto, è troppo tardi.

Le persone di maggior successo sono mosse dalle azioni e non dalla loro ispirazione. Individuano che cosa vogliono, e poi agiscono. Non aspettano di essere ispirati.

La cosa più importante da fare subito è solitamente anche la più scomoda, quella che – come dicono gli esperti – non appartiene alla nostra zona di comfort. Ma una volta che avrai preso l'abitudine di agire subito con l'azione più importante della giornata, vedrai quanto questo modus operandi sarà per te addirittura piacevole!

Ti renderai conto di quanto sia appagante essere realmente produttivi, svolgendo da subito le azioni che servono per crescere. In questo modo, ti assicuro, crescerai molto rapidamente, molto più di quanto immagini.

Agire subito è fondamentale per raggiungere ciò che hai pianificato sino ad ora.

Una volta che hai imparato ad agire secondo il tuo piano, la differenza la fa la tua capacità di prestare attenzione per verificare gli scostamenti tra dove vorresti arrivare e dove stai effettivamente andando.

E per far questo hai bisogno di gestire il rifiuto e le frustrazioni. Questi sono i due ostacoli più grossi, per poter raggiunger ciò che vuoi.

Devi diventare una persona capace di gestire il rifiuto e le frustrazioni.

Ogni fallimento non sarà un fallimento ma una serie di informazioni utili per velocizzare la strada verso il successo.

La frustrazione non può essere cancellata, ma fa parte del percorso che stai seguendo.

La frustrazione fa parte del tuo piano, smussala più che puoi, controllala ma non darle troppa importanza perché fa parte del percorso naturale che stai seguendo per raggiungere la tua ambiziosa meta.

Innovare e Vendere

In questo libro ho già sottolineato quanto siano cruciali nella creazione di un business l'innovazione e la vendita.

In realtà, senza queste due attività, non si può pensare oggi di creare un business profittevole.

Per quanto già scritto poc'anzi, ovvero che viviamo in una società in continua, frenetica e irreversibile trasformazione, l'innovazione ha una importanza vitale, oggi più che mail.

La vendita è il processo che serve per raggiungere i tuoi clienti. Senza di essa non ci sarebbero entrate.

L'obiettivo della vendita ha un triplice scopo:
1. aumentare il numero dei clienti
2. aumentare i volumi venduti

3. aumentare la frequenza di acquisto

Il presente libro non è un corso di marketing, per questo tema ti rimando quindi all'abbondante letteratura già prodotta sul tema.

L'importante è conoscere la differenza tra marketing e vendita. La distinzione grossolana tra questi due concetti è che il marketing rappresenta le attività propedeutiche alla vendita.

Tuttavia ciò a cui devi aspirare è:
• sviluppare un marketing che ti renda la vendita superflua, cioè un marketing che vende da solo
• vendere il tuo servizio/prodotto prima che la vendita stessa avvenga.

Tutto questo sembra magico o paradossale, ma in effetti non lo è se seguirai con attenzione quanto di seguito esposto.

All'inizio del presente capitolo ti ho scritto che nell'ambito dell'organizzazione di matrimoni il passaparola tra le persone che parteciperanno ai tuoi eventi sarà il marketing più potente di cui potrai godere.

Tuttavia, ciò non significa che il marketing per il tuo business si debba basare esclusivamente sul passaparola. Il passaparola funzionerà bene solo quando sarà "a regime", ossia solo quando avrai un brand così forte che dovrai scegliere i tuoi clienti tra le tante richieste che riceverai. Ma prima che ciò accada ci vorranno anni e tanto, tanto sudore.

La ricerca di nuovi clienti su canali che non derivano dal passaparola, dovrà essere sempre e continuativamente svolta per alimentare il tuo business con nuovi lead (contatti di nuovi clienti).

Con l'avvento di Internet, oggi, "si può veramente vendere senza vendere" creando dei sistemi comunicativi online, in cui sono presentati i tuoi servizi e prodotti, le tue storie, il tuo brand attraverso dei contenuti mirati che saranno pubblicati online.

Avere un sito web che funga da blog è importantissimo per creare il brand online dell'organizzatore di eventi. Siccome sin dall'inizio di questo libro abbiamo appurato che il venditore di eventi deve essere prima di tutto un buon consulente, il blog è un modo fantastico per erogare gratuitamente queste consulenze online.

Un direttore di location – o organizzatore di matrimoni – che ha un blog autorevole in cui pubblica articoli che rispondono in modo esaustivo e comprensibile alle tante domande che i clienti si pongono quando stanno per affidare il loro matrimonio a dei professionisti, può "vendere senza vendere".

Infatti, le coppie in procinto di sposarsi che leggono questi articoli e trovano così le risposte alle domande che si stanno ponendo, vedono il blogger come un consulente, ma quel consulente è proprio un organizzatore di matrimoni! E allora perché non affidarsi direttamente a lui per l'organizzazione del matrimonio?

È chiaro che un lettore di un blog ha la necessità di avere un consulente che organizzi il suo matrimonio che sia fisicamente vicino.

Il blog permette di accedere a un mercato di tipo nazionale e quindi si potrebbe pensare che creare un blog di organizzatori di eventi sia come sparare a vuoto.

Ma ti assicuro che non è assolutamente così perché la pubblicità a pagamento su internet oggi ti permette di geolocalizzare i tuoi potenziali clienti, e rivolgergli così una pubblicità mirata.

Lo strumento più potente per effettuare questa promozione mirata tramite profilazione geografica preventiva è sicuramente Facebook Ads, ossia la pubblicità a pagamento tramite Facebook che puoi farti attivare oggi da qualsiasi web agency, oppure, se studi un po', potresti anche svilupparla in modo autonomo.

Facebook oggi è diventato il più grande e profilato database di esseri umani (potenziali clienti quindi ;-)) del mondo.

Questo social network permette di inviare a ogni suo membro delle pubblicità mirate, in accordo a delle caratteristiche e preferenze che il membro stesso ha espresso all'interno del social network.

Con Facebook Ads non è così difficile individuare il gruppo di persone che stanno per sposarsi in una zona specifica, ad esempio Roma dove opero da anni nell'organizzazione di matrimoni.

Si può creare quindi su Facebook una pubblicità che punta a un articolo del blog che risponde a una domanda specifica che il lettore si sta ponendo in relazione al suo matrimonio.

L'articolo del blog fornirà quindi la sua risposta e poi alla fine dell'articolo si può inserire un banner, oppure una scritta evidente in cui si chiede alla persona se è interessato a ricevere una consulenza personalizzata a titolo gratuito per l'organizzazione del suo matrimonio.

Per avere questa consulenza gratuita il lettore dovrà lasciare i propri dati per essere ricontattato. Da lì a breve si potrà fissare un incontro nel quale gli si illustrerà la proposta organizzativa.

E se il venditore (organizzatore di matrimoni o direttore di location) sarà un buon consulente, allora la vendita andrà a buon fine.

Questo tipo di funnel (imbuto di vendita) di marketing non deve necessariamente partire da un articolo di un blog, ma può anche partire direttamente attraverso contenuti sapientemente pubblicati sui social network.

I contenuti non devono essere per forza scritti ma possono essere anche video (pubblicati su YouTube e/o Facebook) in cui si spiega ai futuri sposi come possono risolvere i propri dubbi e problemi organizzativi attraverso una lezione online, e, se poi vogliono approfondire, tramite un incontro previo appuntamento.

Vendere vuol dire costruire una relazione. Che tu lo faccia con degli incontri dal vivo, o online attraverso un social network, poco cambia.

Vendere vuol dire soddisfare un bisogno. Che tu lo faccia spiegando a voce al cliente come puoi aiutarlo a attraverso la pagina di presentazione di un tuo servizio online, o ancora meglio mediante un libro come questo che stai leggendo, poco cambia.

L'importante nella vendita è primariamente scoprire in quale ambiente il cliente vive, lavora e si muove.

Una volta che nella tua mente è chiaro quale sia l'avatar del tuo cliente, è necessario condividere le sue esperienze comunicando con un linguaggio per lui familiare e adatto.

A questo punto è necessario creare una relazione tra i prodotti, la tua esperienza e la sua vita e le sue ambizioni: io so cosa pensi, cosa provi, conosco le tue paure e le tue ambizioni, io e te siamo uguali.

Alla fine è fondamentale verificare se ti sei spiegato come avresti voluto e se il tuo messaggio è giunto al cliente in modo chiaro e comprensibile.

Nei corsi di formazione avanzati studiati per direttori/gestori di location e organizzatori di matrimoni che periodicamente tengo, approfondisco ulteriormente questi temi.

Iscrivendoti al sito www.davidemecozzi.it puoi ricevere le informazioni aggiornate sul calendario e descrizione dei corsi e in più potrai ricevere del prezioso materiale formativo gratuito.

In questi corsi avanzati, oltre a sviluppare degli schemi operativi passo passo che riguardano quanto già riportato in questo libro, impareremo i 7 passi fondamentali per ottenere il successo:

1. Come Desiderare di più dalla tua vita
2. Come Visualizzare in dettaglio una vita migliore
3. Come Pianificare con precisione le azioni necessarie per ottenere ciò che hai visualizzato
4. Come Liberare la mente da convinzioni limitanti
5. Come Potenziare la mente con nuove convinzioni necessarie per condurti all'eccellenza personale
6. Come Decidere e agire, per iniziare a ottenere concretamente i primi successi necessari per creare entusiasmo
7. Come Verificare se ci siano cose che non funzionano e cambiare subito rotta

Diventare padrone dei sette elementi distintivi, distingue un professionista di successo da altro uguale a tanti altri.

Le parole chiave sulle quali sono imperniati i mei corsi avanzati sono:

- Passione
- Competenza
- Responsabilità
- Presentabilità
- Tempestività
- Puntualità
- Affidabilità

Per ognuna di queste parole chiave ho sviluppato una metodologia evolutiva che, una volta realizzata, ti consentirà di ottenere l'eccellenza, ovvero il meglio che puoi ottenere da te stesso che, ti assicuro, è molto più di quanto puoi immaginare.

Inoltre nei mei corsi avanzati (consultabili mediante iscrizione a www.davidemecozzi.it) puoi imparare come riuscire a far crescere le vendite assolute, la frequenza di vendita, aumentando allo stesso tempo gli utili del tuo business.

Infatti, in questi corsi avanzati, ti insegnerò
- come individuare chi sono i tuoi clienti ideali e come renderli entusiasti del tuo servizio
- quali sono le 3 principali certezze che si attendono dai tuoi prodotti o servizi
- come creare e motivare un gruppo di lavoro trasformando persone ordinarie in persone stra-ordinarie formando un team straordinario focalizzato costantemente sui tre concetti base:
  - *creatività*: una squadra capace di creare soluzioni innovative.
  - *responsabilità*: una squadra che sappia rispondere autonomamente agli eventi che accadono
  - *produttività*: una squadra capace di fare avanzare il business.

Impareremo inoltre come gestire il rifiuto e la frustrazione, per diventare inarrestabili e arrivare, in qualsiasi condizione e a fronte di ogni tipo di ostacolo e imprevisto, alla meta prefissata.

Iscriviti a www.davidemecozzi.it per avere notizie sui miei corsi avanzati. L'iscrizione non comporta alcun impegno e obbligo, potrai cancellarti dalla mia newsletter con un semplice click.

Conclusioni

Siamo così giunti alla fine di questo viaggio speciale nel mondo del matrimonio.

Abbiamo viaggiato, osservando questo scintillante mondo da due punti di vista: quello dei festeggiati, ossia gli sposi, e quello dei professionisti che fanno business grazie agli eventi nuziali.

Con questo libro spero di aver dato dei consigli utili a entrambi – sposi e organizzatori – allo scopo di fare sin da subito le scelte più azzeccate per allestire un matrimonio da favola.

Spesso sono i dettagli che fanno la differenza. Questa è sicuramente una "frase fatta" ma non è mai così calzante come per eventi di questo tipo. Infatti, tutti noi nella vita abbiamo partecipato probabilmente a decine di matrimoni.

Tuttavia, se ci rifletti un attimo, i matrimoni memorabili sono proprio quelli che rispetto agli altri evidenziavano la cura del dettaglio.

Il modo più efficace perché la cura del dettaglio sia palese, è puntare all'eccellenza, come descritto in questo libro, in particolar modo se sei un organizzatore di matrimoni.

Avere chiara la pianificazione dell'evento, la lista dei fornitori, le tempistiche e le sinergie tra i vari attori coinvolti, è la condizione mentale necessaria per affrontare l'evento nel modo più efficace.

Se sei un imprenditore che punta a organizzare tantissimi matrimoni, o se sei una persona in procinto di sposarsi, l'ultimo consiglio che mi sento di dare a entrambi, tenendo sempre accesa la luce bidirezionale che illumina questa libro, è quello di curare il corpo.

So bene che non ti aspettavi questo tipo di suggerimento, ma...

Sì. Curare il corpo, prima del resto. Prima di fare un milione di cose, e ancora prima di pensare a un milione di cose da fare.

Ecco quindi come i dettagli fanno enormi differenze.

Se stai per sposarti, nelle settimane precedenti all'evento dovrai affrontare molto stress, continuerai probabilmente a lavorare come sempre e magari per diverse sere avrai ospiti a casa che aumenteranno la tua stanchezza.

Per non parlare degli addii al celibato o nubilato... che sono spesso delle vere e proprie devastazioni per il corpo.

Seguire tutte le attività e i numerosi fornitori coinvolti nell'allestimento del matrimonio è solitamente un impegno non indifferente, che va a cumularsi con tutto il resto.

Morale della favola: sei al tuo matrimonio senza energie, con l'affanno addosso e con due occhiaie così evidenti che nemmeno il cerone più spesso riuscirà a mascherare.

Avrai così rovinato l'emozione unica e straordinaria di vivere serenamente quel giorno, macchiandolo con un ricordo di stanchezza e di disagio soprattutto nel comunicare con gli invitati.

Quando non siamo in forma, è difficile essere spigliati e non è piacevole trasmetter inevitabilmente agli altri il proprio malessere.

Mentre sto completando di scrivere questo libro, è luglio e sto organizzando oltre venti matrimoni in un mese.

Venti matrimoni in un mese è un impegno enorme. Ogni mattina bisogna essere reattivi per affrontare tutti i compiti necessari per far viaggiare la macchina organizzativa nel migliore dei modi.

Inoltre, il direttore di location così come l'organizzatore del matrimonio, è opportuno che sia una persona che "si presenta bene". Meglio se è in forma fisicamente per agevolare la comunicazione con i clienti, magari sviluppando quel carisma che suscita rispetto e che permette di essere visto come un riferimento da chi sta festeggiando quello che probabilmente è il giorno più bella della vita.

Se non avessi cura della mia alimentazione, mangiando cibi sani, variegati e leggeri, se non facessi un po' di sport almeno un'ora per quattro volte alla settimana, se non dessi la giusta importanza al riposo, non riuscirei onestamente a tenere questi ritmi.

Se non avessi avuto cura del mio corpo, non sarei riuscito a scrivere questo libro. Sarebbe stato impossibile con tutti gli impegni che il mio lavoro comporta e con il giusto tempo che devo poi anche dedicare alla famiglia.

Se punti a grandi risultati, devi prima di tutto curare il veicolo che ti porterà su queste importanti mete.

Quel veicolo è il tuo corpo, che dovrà essere in forma, riposato e leggero per portarti il più lontano possibile.

Dai la massima priorità a questo aspetto, sia che sia una persona in procinto di sposarti sia che tu sia un organizzatore di eventi. In questo modo infatti, se sei il festeggiato massimizzerai le probabilità che quel giorno speciale sia veramente indimenticabile e se sei un organizzatore massimizzerai i risultati del tuo business.

All'inizio di questo libro ho ringraziato la mia famiglia per avermi dato la possibilità di essere dove son ora, ossia in "un posto" che è sorgente per me di pura serenità.

Ora, alla fine del libro, chi ringrazio sei tu, tu che mi hai letto sinora e ti confido che mi piacerebbe stringerti la mano. Se sei arrivato fino a questo punto è perché probabilmente hai trovato interessante quanto ho scritto.

Ma ciò che ho scritto in questo libro per me è una base informativa da condividere per darti una mano sin da subito con una lettura rapida di un testo.

Tuttavia, devo confessarti che i più importanti passi in avanti che ho fatto nella mia vita sono tutti derivati da conoscenze nuove che ho acquisito attraverso l'interazione diretta con i miei formatori.

Avere la possibilità di incontrarsi, e perciò, come ho scritto prima di stringersi la mano, è una opportunità magnifica per aumentare straordinariamente l'efficacia di imparare "come fare una cosa al meglio".

Se sei in procinto di sposarti e hai bisogno di un consulente e/o di una location da favola, contattami pure sul sito

www.davidemecozzi.it

Sarò veramente felice di incontrarti e di stringerti la mano.

Se sei un direttore di location o un organizzatore di matrimoni e:
• sei interessato a incontrare i migliori professionisti del tuo settore
• vuoi ricevere risorse esclusive gratuite per imparare come ottenere i massimi risultati nel tuo business
• vuoi incontrarmi e partecipare a dei corsi avanzati
• ti piacerebbe pormi delle domande personalmente

il mio consiglio è semplicemente di iscriverti al sito

www.davidemecozzi.it

Una volta inserita la tua email nel sito, riceverai subito dopo via email (questo è il motivo per cui devi inserirla :-)), materiale formativo gratuito aggiuntivo e le istruzioni per entrare in contatto con me, partecipare a corsi dal vivo esclusivi e tanto altro.

Rispondere solo a chi inserirà la propria email sul sito www.davidemecozzi.it mi permette da subito di fare una semplice scrematura tra chi vorrebbe contattarmi senza grande interesse per ciò che scrivo e per i servizi che offro e chi invece dimostra che l'interesse per il mio lavoro è reale e sentito :-)

Augurandoti il meglio per la tua vita, ti ringrazio ancora di avermi seguito sinora e ci vediamo presto, magari nel giorno più bello.

L'autore

Davide Mecozzi negli ultimi tredici anni ha organizzato oltre mille matrimoni in location da sogno. La ricerca dell'eccellenza gli ha permesso di essere oggi l'organizzatore di matrimoni più ambito nella capitale.

Nel libro è anche raccontata la sua incredibile esperienza di vita e di trasformazione personale.

La sua storia dimostra che grazie alla passione e alla dedizione al lavoro è possibile diventare il riferimento nel proprio settore, anche se si comincia da zero.

Questo percorso di crescita ha portato Mecozzi a essere anche un affermato formatore nell'organizzazione di eventi prestigiosi.

Mecozzi, grazie anche alla continua formazione con i più importanti coach del mondo, sta inoltre lavorando a nuovi e ambiziosi progetti che cambieranno per sempre il settore dell'organizzazione dei matrimoni in Italia.

La sua attività è quindi oggi parimenti divisa tra l'organizzazione di eventi e la formazione di gestori/direttori di location e organizzatori di matrimoni, che, grazie ai suoi insegnamenti, sono riusciti ad aumentare considerevolmente il loro business e trasformare la propria vita raggiungendo i sogni per cui sempre hanno lottato.

www.davidemecozzi.it

Questo libro è stato pubblicato con la
Esclusiva Strategia Editoriale
"Self Publishing Vincente"
www.SelfPublishingVincente.it